温州大典

歷代古籍編

中華書局

經部

影鈔元刊本六書故

〔宋〕戴侗撰

第五册

六書故

二十一卷 植物一

錦

六書故弟二十一　永嘉戴侗

植物一

木

木門卜切象木枝榦根氐之形木之上出者中爲榦旁爲支下達者中爲氐旁爲根根氐通曰本

木之象形

果　㮚

果古火切木實也木實果然故引之爲果敢果斷別作菓加艸非

𣡌㮚力質切象㮚蓬形說文𣡌古文从㢴假借之用三嘉㮚恂㮚犢之角繭㮚言兮其縝密㠯實也別作瑮㮚烈戰㮚言兮其寒凜而膚㮚也別作凓坐㮚言兮其敬懼而心㮚也別作慄

朿　棘

朿七賜切木有芒朿也別作茦說文曰莿也又作莿說文曰茦也徐鍇曰莿艸木之朿也

朿之指事

棘己力切朿木叢生者也𣏟朿爲棘象其叢生棘有二樲棘之棘其實佀棗而多酸詩云園有棘其實之食又曰湛湛露斯在彼杞棘士喪禮曰決用正王棘

若檡棘鄭氏曰檡今文作澤亖俗謂王棘砣鼠本艸棘鍼陶弘景曰白
棘酸棗也圖經曰白棘生道旁
枽莖實都佀棗而有赤白二種荊棘之
棘樸生荊中木小而尤多朿詩云楚楚
者茨言抽其棘傳曰被苫葢冡荊棘引
其義爲艱棘詩云棘人欒欒又曰俾民
大棘又曰孔棘且殆又爲棘急與亟通
詩云如矢斯棘曰匪棘其欲亦通作革

棗　桼　髤　朩

棗子皓切棗佀棘而木高大其實大而

曰象束爲棗象其高大也

桼親逸切木液可㠯髤物者象木液下滴

桼之龤聲

髤香求切桼塗器用也周官駹車髤飾

桼車雀飾康成曰髤桼赤多黑少之色又作髹髤弢禮髤楅

朩五葛五刖二切幹中折而交旁達也別作

禾 稽

蘖巘枿栚書云若顛木之有由蘖女子因謂之不子別作孼从子又作孼从子偕爲妖孽漢志虫豸之妖爲孽別作蠥孽

朩木闕於上不旻直申也孫氏古兮切

禾之疑

稽古兮切說文曰畱止也从禾从尤旨聲按稽从禾稽

畱稽遲稽至本義也莊周曰大浸稽天

引之爲稽古稽疑猶曰考極之也別作叶說文曰卜吕問疑也又作乩周禮曰眡師田吕簡稽鄭司農曰稽計也稽其人民爲要簿也吴語曰吴夫差陳士卒百人爲徹行行頭皆擁鐸共稽唐尚書曰稽棨戟也按稽吕共言𦣻棨戟之屬因吕紀人达之數如党進所執丈也　又康禮切稽𦣻稽顙𦣻至地也

丫

丫於加切木之岐也或作椏

東 囊 橐

東書録切縛木也

東之諧聲

㯻戶本切又古本切說文曰櫜也

㯻之諧聲

囊奴當切盛物器具也毛萇曰無底曰槖有底曰囊

橐他各切長囊無底束其兩端者也

櫜　東　巢

詩云亏橐亏囊

櫜古勞切盛弓矢者也詩云載櫜弓矢說文曰車上大櫜按傳曰又屬櫜鞬則不特車上之器

東之會意

柬古限切說文曰分別簡之也从八八分別也與簡通

巢鉏交切象鳥巢於木雛在其上說文曰

本 朱

在木曰巢在穴曰窠別作樔夳木爲巢於車㠯遠望謂之巢車別作轈

木之指事

本布忖切根氐也本下曰本說文曰𡴒古文

朱章俱切幹也木中曰朱木心紅赤故因㠯爲朱赤之朱別作絑說文曰純赤也條㠯枚數幹㠯朱數別作株偺爲朱儒之朱晉語曰朱儒

末

不可使爰東方朔曰朱儒長三尺別作侏

末莫撥切木抄也木上曰末本末之義引之無所不通末木之竆也故因之爲末殺末減末略末篾莫聲相通故又與篾莫同義記曰末之卜矣語曰吾末如之何末由也已唐本說文曰本从木从下末从木从上鄭忠恕同吕朱側之此說佀是而實不肰

朱　才

𣎳扶沸切木暢茂也从木重支僭爲未可未能之未僭義摶而正義泯說文曰味也六月滋味也五行木老於未象木支枼又僭爲十二辰午未之未

才鉏裁切李曰斬木支根取其才㠯爲用也按李陽冰已有此說在地爲木伐倒爲才象其支根斬伐之餘凡木㑹易剛柔長短小大曲直其才不同而用各有宜謂之

才或作材加木非其不中用者謂之不才引之則凡人物之才質皆謂之才人受天地之中㠯生其才皆可㠯爲善故孟子曰非天之降才爾殊也若夫爲不善非才之罪也或相倍蓰而無筭者不能盡其才者也此㠯天之降才論者也然就其稟賦之差殊而言之則其降才亦有知愚賢不肖之不

同馬就其學問之所成者而品別之則其才又有差等焉故孔子謂才難而有才不才之言孟子亦有英才之稱後世之論淺差直㠯知術技能勇力爲才温公有才悳之分程子有才與性異之說皆失之矣

片

片匹見切判木也从半木又匹半切莊周曰雌雄片合別作牉又步還切別作肦

版　牘　牒　牓　牌

片之諧聲

版補綰切解木爲薄片也別作板

牘徒谷切書版也

牒徒協切書版也薄可聯屬爲牒

牓北朗切扁也冊爲扁片爲牓扁牓之聲義相通又鋪郎切別作榜

牌蒲階切牓也陿長爲牌

⿰片兆 牏 ⿰片菐 ⿰片畐 牔

⿰片兆 迬紹切，長版也。又迬刀、直紹二切。

牏 迬⿸厂兵與俱二切。說文曰：築牆短版也。史記石建取親中帬廁牏身自浣滌。孟康曰：行圊中受糞者也。東南人謂鑿木空中如槽者爲牏。

⿰片菐 薄木切，㠯薄版附著也。

⿰片畐 弼力切，㠯版周⿰片菐也。

牔 百各切。類篇曰：屋端版也。俗書

牖　爿

片之疑

牖與久切說文曰穿壁以木爲交囱譚長謂甫上日也非戶也牖所以見日按牖囱也古之爲室也夂戶而又

牖

爿在良切說文牀从木爿聲李陽冰曰又爲片夂爲爿徐鍇曰說文無爿字李妄也按牂壯狀牀戕牆皆从爿聲唐本說文有爿部張參五經文字亦有之李氏未可厚非鄭漁仲曰反也亦判木音牆按古文偏旁爿皆篆爲

月恐非判木且夂
又之分亦無義

木之會意

林力尋切比木爲林

林之會意

棥附袁切說文曰藩也从爻象編織藩爰又作蠜廾聲詩云折柳樊圃說文曰樊鷙不行也从廾从棥孫氏音同棥之義引之爲樊籠又僭

森　楚

爲地名姓氏周有樊邑大夫有樊仲又作𨟗說文曰京兆杜陵𨟗鄉又周官王之五路有樊纓未詳其義鄭康成曰讀如鞶帶之鞶謂今馬大帶也

森所今切林木高皆茂密也別作槮林之龤聲

楚創舉切荊也楚地多產此故吕名國荆楚一物也故楚國亦謂之荆吕荆爲

大二百五十七

宋

麓 楙

攴所謂夏楚也因夏楚而生痛楚之義別作憷楚之爲物叢生彌望脩短坐輯故因之而生楚楚之義詩云楚楚者茨又曰衣裳楚楚

麓盧谷切大林也穀梁氏曰林屬於山爲麓亦作禁

楙莫候切木緐殖也引之爲楙悳楙功

之楙與茂通書曰予楙乃悳曰旹乃功楙哉曰方楙厥悳曰惟公楙悳曰其眷命用楙此言功悳天命之長楙也書曰政事楙哉悳楙楙官功楙楙賞言悳之茂者茂之吕官功之茂者茂之吕賞也曰楙昭大悳曰楙建大命曰楙乃攸續曰楙乃后悳與易之茂對旹育萬物語

棽 鬱

之茂正其悳茂昭明悳茂穡勸分皆此意也雖有勉意而不可專訓勉自孔安國專吕勉訓楙後人加心於其下而經之本意不可尋矣別作懋忞爾雅曰楙木瓜也或曰冬桃也讀若髦說文曰木盛也

棽癡林疏先二切說文曰木枝條棽儷皃

鬱迂弗切木叢生鬱茂也

棼

棼夫文切木棼芬也晉秋越椒字伯棼亦作芬或曰林木棼錔也引之爲棼亂書曰泯泯棼棼傳曰猶治絲而棼之也

亦符分切說文曰優屋棟也又作棻說文曰香木也又作岎說文曰艸初生香分布也

林之疑

𣞤

𣞤文甫切說文曰豐也从林奭或說規模字从大卌數之積也林者

大九十四

宋

桑　朶

木之多也丗與庶同意商書曰庶艸繁無徐鍇曰或説大丗爲規模之模説文諸部無此字者不審信也李陽冰曰偺爲有無之無按罧古杲字無从人疑郎廊廡之廡从广省罧聲𣞤从𣞤从亾

桒息郎切衆手所采莫若桑三叉在木上桑之義也

朶丁果切雩弓𠂹也易曰觀我朶頤別作䅳説文曰禾𠂹皃又作䉓又韗丁可切下𠂹皃

影鈔元刊本六書故

困

根

困苦問切木不旻申也引之爲困窮說文曰朱古文

木之龤聲

根古痕切本也凡木命根爲氐旁根爲根通曰本故二十八宿氐謂之本又謂之天根根僭爲排根之根漢書曰引繩排根生平慕之後弃者顏師古曰下恩反言相與引繩根格排退之令吴楚猶謂

榦　校

小七十六

牽引屰卻爲排楨

榦古案切木身直上爲榦支所宗也古通用干亦通作幹詳具幹下書云杝榦栝柏孔氏曰柘也考工記曰凡取幹之道柘爲上幹引幹也杝可爲榦故與栝及柏同貢吕幹爲柘侶非凡版築必植榦書云峙乃楨榦

校章移切榦之別出也古通作支詩云木支百㞢引之爲支梧支拄俗作榰

柯

柯古俄切。枝之大者也。柯中斧柄，故斧柄亦謂之柯。考工記曰：柯長三尺，博三寸，厚一寸有半，五分其長，以其一為之首。柯之長博與厚皆紀度焉，不他待而度在手，故詩云：執柯伐柯，其則不遠。

條

條徒雕切。枝之脩達者也。引之為條達、條理。芟去桑木之繫枝謂之條。桑又為木名。

枚　梢

小二十五

詩云兑南何有有條有梅毛氏曰槄也

枚莫回切條之搏直者也詩云伐其條枚傳曰吕枚數闔故小木因吕枚數說文曰幹也可爲丈从木从攴按枚玫皆吕攵爲聲

梢所交切條之遠揚者也引之爲篙梢檣身者用長木故也考工記曰梢溝三十里而廣倍溝行遠則受水漸多梢梢增廣故

至三十里而廣倍猶木之梢也又山巧切木長皃又所教切剝木上殺也亦作槊又色角切梢櫂無枝柯也

標

標補搖切梢之末也亦通作剽莊子曰有長而無本剽一本作標標者挺出於枝榦之故因之爲標揭標識別作幖幟太土呂標者別作墂標準又作杓斗柄之末亦曰杓按勺非聲

杪　榎　枼

杪亡沼切標之眇也梢標杪之箠如其聲

又楚敎切吕木發物爲杪

榎古杏切細枝也枝榎衡塞則不通故引

之爲榎塞榎礙詩云誰生厲階至今爲榎

骨骾之骾略與此同周官女祝掌吕旹招

榎禬禳康成曰榎禦未至也說文曰山枌榆有朿莢可爲蕪荑者

枼與涉切鄭敫仲曰卽葉字也說文曰楄也枼薄也

古聲徐鉉曰當从卅乃㝵聲孫氏音同敹仲曰古象木枼非聲按古無枼形卅聲固鍇古亦有沽聲沽枯皆㠯古爲聲今作葉既从木又从艸非敹仲之說是

核　松　柏

核下革切果中堅覈也亦通作覈或作槅引其義爲核實考核又爲刻核言其刻深次核也別作礉

松祥容切別作寀柏㮘陌切檜古外切栝古活切爾雅曰柏葉松身曰檜松葉柏身曰樅孔安國謂柏葉松身爲栝孔潁達

檜　栝　枀

謂詩書之檜栝爲一物說文曰柏鞠也按松柏人所同識今人所謂檜桒佀細杉而榦如柏其兼柏桒者謂之二色檜栝生北方其桒佀松而大實佀小㮚爲果核之珍書云杶榦栝柏說文曰栝檃也一曰矢栝築絃処按檃栝矢括之栝當从手又艸名栝樓詩果蠃之實毛氏曰果蠃栝樓也鄗氏曰𡉈人謂天瓜蔓生夏開黃華秋結實椇如葛

枀七容子容二切爾雅謂松桒柏身未詳詩云虡業

椈　杉

維樅毛氏曰崇牙也朱子曰業上縣鍾磬處㠯采色爲崇牙其樅樅然

椈居六切記曰鬯臼㠯椈鄭康成曰柏也按此即說文所謂鞠

杉所銜切亦作煔爾雅曰煔杉木直榦佀松葉茲銳實佀松蓬而細可爲棟梁棺槨噐用才美爲諸木之最多生江南亦謂之沙木沙杉之譌也其一種葉細者易大而疏理溫

樌梓楸椅槄

人謂之温杉

樌古雅切亦作榎梓卽里切說文曰宰省聲亦作榟楸七由切亦作萩傳曰伐雝門之萩史記曰河濟之間千樹萩椅於離切亦作檹詩曰椅桐梓桼槄吐刀切爾雅曰槐小葉曰榎大而皵楸小而皵榎又曰椅梓槄山榎鄭氏曰槐當作楸樊光曰皵鑡皮也皵老而皮粗皵者爲楸小而皮皵者榎也陸璣曰楸之疏理白色而生子者爲梓梓實桐皮曰椅槄今山楸也亦如下田楸

楰　杞

皮枼白色亦白才理好空爲車版能溼又可爲棺木宜陽北土多有之樂彥曰楸梓也胡廣曰椅今梧桐也齊民要術種梓法秋末冬初取梓角曝乾播種之一秊薅之二秊而移之楸無子掘根取栽移之十秊後可爲車版器用爲棺亭勝松柏按詩椅桐梓竝稱明爲二物恐非梧桐江南梓木佀桐枼小於桐生子成佩

楰羊朱切爾雅曰楰鼠梓陸璣曰鼠梓枝枼木理如楸山楸之異者亦名苦楸郭璞曰楸屬也今江東有虎梓

杞虛豈切杞大木枸杞地骨也詩云無踰

我里無折我樹杞傳曰杞梓皮革自楚往
孟子曰順杞柳之性呂爲桮棬此與梓柳
楚稱大木也詩云陟彼北山言采其杞又
曰山有蕨薇隰有杞桋此可采者枸杞也
爾雅曰枸杞檵陸璣曰一名苦杞一名地
骨㫖生棘可茹微苦子秋孰正赤又曰杞
如檉一名狗骨又曰杞柳可爲車轂泔汳
之蜀與河朔饒有之鄦氏曰櫰爲杞按杞
柳爲一物或爲
二物詳見柳下

榎　欒　楓　樗　椿

榎毗連切相如賦曰榎柟豫章郭璞曰杞也侶梓類篇曰侶豫章

欒古諧切說文曰枸杞也

楓方戎切木之喬直者葉三峻脂與實皆香可爇爾雅曰楓欇欇湆說文曰厚葉弱攴善搖一名欇此說非

樗丑居切櫄丑倫切詩云采荼薪樗王氏曰惡木也莊周曰吾有大樹人謂之樗其大本擁腫不中繩墨小枝曲拳不中規矩立之

樗

小二百四十八

塗匠者不顧本艸曰樝樗相類樝大實而
橐香可啖樗木疏而气臭膳夫𤏐去其气
橐脫𡖋有目樗蒲子類之故㠯爲名其木
北人呼爲山樝江東呼鬼目亦謂虎目其
冣不才又樝莢條曰樗之有雩者無莢臭
樗無莢雩有莢未見樝有莢者𡒩俗不辯樗
與樝故謂樝莢亦按樗樝同聲疑特一字
有實無實或香或否乃其種別大槩樗木
㠯不才而耆故莊周因而生大樝之說
周之言亦不足稽也樗作樗見樗下

樗胡乙切又去聲今用其皮貼弓古通作
雩相如賦曰雩楓枰櫨顏師古曰雩即今樗用其皮貼弓者說

檴

文曰樗木也㠯其皮裹松脂讀若𠌶或作檴樗木也孫氏樗胡匕切樗丑居切按說文蓋㠯樗爲樗而㠯樗爲樗雩與𠌶音不諧樗樗特一字耳

檴胡匕胡鄠二切爾雅檴落陸氏曰榔榆也枼如榆皮堅韌剝之長數尺可爲甑帶其才可爲桮圈

杶

杶敕倫切書云杶榦栝柏或作櫄顏師古曰佀樗而實說文曰杶木也或作櫄杻古文按杻自爲一木丑非杶之聲說文又有棆毋杶也讀若易卦之屯

大五十六

栲　杻

小二百八十二

栲苦皓姑老二切詩云山有栲隰有杻又曰南山有栲北山有杻又作朹爾雅曰栲山樗說文曰朹山樗也陸氏曰山樗與下田樗無異葉差陿尒吳人目其葉爲茗方俗無有名此爲栲者爾雅侶誤今所云栲者葉如櫟皮厚數寸可爲車輻或謂之栲櫟鄗景純曰栲侶樗色小白生山中亦類桼俗諺曰櫄樗栲桼相侶如一

杻女九切爾雅杻檍陸氏曰葉侶杏而鐵白色皮正赤多曲少直二月中開疏華如楝而細惢正白今官園種之正名萬歲或謂之半筋或謂之檍材可爲弓

檍　榆　枌

弩鄭景純曰佀棣細桒桒新生可飼牛才中車輞關函弩杻子一名土橿按杻又爲杻械之杻

橿檍於力切考工記曰取榦之道柘爲上檍次之說文曰檍杶也橿梓屬大者可爲棺郭小者可爲弓陸璣曰弩正白桒佀杏令官園種之取億萬之義名萬歲設朓詩風動萬季校是也

大八十九

榆竿朱切詩云山有樞隰有榆枌扶分切詩云東門之枌記曰枌榆㠯滑之又曰爲

樃　槐

小二百四十九

榆沈榆木堅忍而皮汁滑爾雅曰榆白枌郭景純曰枌榆先生桒而後著莢皮色白漢高祖禮枌榆社榆之種凡十數桒皆相佀但皮及木理異尔齊民要術曰有莢榆朿榆凡榆莢榆味苦凡榆目按今有緜榆沙榆緜榆細桒無朿最堅忍故謂緜榆沙榆桒大木毳榆白皮汁滑故禮及醫方皆取其滑㠯爲用

樃里囊切佀榆而木稍毳本艸樃榆皮主下氣淋利水道令人眠嵇叔夜所謂榆令人瞑也野人云樃皮最滑又作桹亦單作郎又通作榔

槐戶恢戶徊二切爾雅曰守宮槐桒晝聶宵炕櫰槐大桒而黑郭

亲　榛

景純曰櫰古回切又音褱按槐木古所共識七月閒華華可染黃其實莢合昬棠佀槐夜合晝開故謂合昬俗語轉而爲合歡又謂夜合合旨非槐也

亲側詵切說文曰果實佀小㮚榛音同詩云樹之榛㮚又云榛楛濟濟記曰婦人之摯椇榛棗㮚

㮚說文曰榛木也一曰菆也字林曰木叢又曰木佀梓按書傳椇榛榛㮚皆作榛獨榛楛兹言又佀別爲一木亝民要術曰榛有二種一種枝葉皆如㮚子形佀杼子味亦如㮚一種枝莖如木蓼葉如牛李色高丈餘其核中悉如李生作胡桃味其枝

大九十四

伯

櫧　橡　樸　栩

莖生樵爇燭明而無煙潦陽遼代上黨饒
有之按㭗一種南方亦有之後一種惟北
方有
之
櫧專於切木之剛而能溼者實佀榛而苦
[illegible]
橡徐兩切樣弋亮切孫氏曰徐兩切栩況羽切又作
柔杼梠芓櫟郎擊切橡櫟皆阜物也橡實大於
櫟橐佀㮚而兵雕其實有斗故又謂橡斗

影鈔元刊本六書故

櫟

橡樣一也又謂之栩栩柔一也莊周曰狙公賦芧櫟不兵雕其實亦斗木剛空爲薪炭而不堪器用有罬心櫟白櫟綿櫟白櫟子尢細綿櫟㠯堅忍㝵名爾雅曰栩杼櫟其實梂鄭氏曰有梂彙自裹也說文曰樣栩實栩柔也其實阜一曰樣柔栩也櫟木也梂櫟實陸氏曰栩今櫟也徐人謂櫟爲杼或謂爲栩其實爲阜或言阜斗子煮汁可㠯染罬今京洛及河内多言杼斗謂櫟爲杼五方通語也按橡櫟雖實相佀而實二物也橡樣同聲栩杼同聲爾

小二百三

雅說文陸氏之辯皆不明說文因爾雅其實捄又去捄文誤矣今俗呂器之式範爲樸

柞

柞子各切又在各切詩曰柞棫拔矣鄭氏曰櫟也陸璣曰周秦人謂柞爲櫟或曰木蓼又側百切詩云載芟載柞毛氏曰除木曰柞除艸曰芟周官柞氏掌攻艸木及林麓鄭司農讀如唶唶之唶屋笮之笮鄭康成曰除木者必先校剥之

棫

棫亏逼切詩云芃芃棫樸桵儒隹切爾雅曰棫

桵　槲　樕　栂

白桵陸氏曰三蒼說即棯也才理全白而無赤心者爲白桵直理易析可爲車輞及矛戟矜今人謂之白椓或謂白柘未知孰是鄭景純曰小木叢生有朿實如耳璫紫赤可食

槲胡谷切本艸曰與櫟相類亦有斗但小不中用類篇曰槲樕木名

樕桑谷切詩云林有樸樕爾雅樕樸心孫炎曰樸樕一名心杲氏曰即槲樕也有心能溼江河間吕佐柱爾雅有梀字說具梀下

栂奴含切爾雅曰梅柟陸氏曰梅樹皮葉侶豫章豫章葉大如半耳一頭

大三十五

鐵亦心𢒎亦黄子青不可食柟桌大可三
三桌一叢木理細致於豫章子亦者才堅
子白者才毳江南新城庸蜀多章柟鄗景
純曰柟桌佀杏按俗又有楠字吾里中有
香柟黄貫柟香柟木香黄貫
柟木空雕刻爲木偶者用之

梅　槑

梅莫杯切酸果也槑呆古文說文曰梅柟也可鬵
果酸果也从木从曰槑古文李陽冰曰此
正梅字也伯氏曰槑呆皆象形作曰者〇
之譌也梅酸果从曰非也按梅之爲果書
傳所同惟𠈌南之詩曰有條有梅毛氏㠯
爲柟簽本爾雅爾雅㠯梅爲柟是㠯一字
而名兩木也說文既㠯槑爲酸果又爲梅

柟爲可餐是又合三字而爲一物杲僭爲也楳之爲柟無所稽闕疑可也

杲人之杲莫后切

桃李梨棠杜

桃達高切桃李人所同識

李力子切僭爲行李又爲刑獄

梨連脂切棠辻郎切杜辻古切爾雅曰梨山樆杜曰棠又曰杜赤棠白者棠說文曰牡曰棠牝曰杜舍人曰白者爲棠赤者爲杜爲甘棠爲赤棠陸氏曰赤棠與白棠同但子有赤白美惡子白色爲白棠甘棠也少酢滑美

大三十六

亦棠子澀酢無味俗云澀如杜也亦棠木理韌亦可爲弓榦杜一名甘棠鄭景純曰今之杜梨也按爾雅呂亦者爲杜爲甘棠陸氏則呂白棠爲甘棠棠杜實二物杜蓋小梨鄭氏謂杜梨是也杜實小於梨而大於棠詩云有杕之杜有睆其實也棠則今之所謂海紅子嘉慶子海棠來禽之類也棠多澀酢故甘者爲甘棠凡木彎修者實必儉海棠彎最穠麗其實最細而澀酢白者實彎大呂此觀之陸氏謂白棠甘而亦棠澀酢是也梨則果之大者味甘而雋其種不一人所同識也

杜僭爲杜塞之杜別作𢾆說文閉也

影鈔元刊本六書故

檯　榠　柰

檯側加切。檯侶榅桲。記曰：「檯梨曰攢之。」說文曰：「果侶梨而酢。」亷成曰：「梨之不臧者。」按本艸，檯，木瓜類，侶榅桲而小。陶弘景曰：「鄭公蓋不識檯。」又作柤。說文曰：「木閑也。」查，又鉏加切，與樝通。

榠莫經切。榠查，絶侶木瓜。

柰那賴、奴代二切。果也，棠屬。陳士良曰：「長者爲柰，圓者爲來禽。」俗爲柰何之柰。又乃介切，與那聲義相近。

大百丹二

榅烏沒切桲蒲沒切榅桲果也

棣特計切郁李類也爾雅曰常棣棣唐棣移說文曰棣白棣也陸氏曰唐棣郁李也一名雀梅亦曰車下李所在皆有其華或白或赤六月中熟常棣如李而小子如郥桃正白今官園種之又有赤棣棣樹亦佀白棣葉如東榆而微圜子正赤如郁李而小五月始熟自關西隴西天水多有之郭景純曰今山中有棣樹子如郥桃可食唐棣佀白楊江東呼夫移沈存中曰扶移卽白楊也本艸白楊扶移爲兩條扶移出陳藏器藏器蓋不知扶移白楊之爲一物也扶移亦謂之蒲移至今

鉞人謂白楊爲蒲移藏器又引論語逸詩
唐棣之華偏其反而鄭注移也亦名移楊
此又誤也逸詩唐棣乃白移小木比郁李
稍大非此蒲移蒲移乃喬木也詩云六月
食鬱及薁唐棣鬱也常棣薁也詩注云鬱
棣屬卽白移也其實佀棣故曰棣屬又謂
之車下李又謂之唐棣唐棣也鬱也白移
也車下李也一物也薁卽郁李也薁郁同
音詩注謂之蘡薁蓋其實佀貝貝含桃也
常棣棣也薁也郁李也一物也與蒲移不相
涉本艸續添郁李一名車下李亦誤也晉
宣室閣銘曰華林園中有車下李三百十
三朱薁李一朱明車下李與郁李自爲兩
物也常棣或作棠棣誤尔按白楊喬木也

多種於虛墓間佀楊而白故謂之白楊沈
存中辨之已明棣實小木叢生高不過丈
六尺其種不一其萼或紅或白或單出或
重出紅而重出者園圃多植之亦名錦帶
白而單出者結實如小李與李同旹孰其
大僅如郁薁故謂郁李又謂雀李也七月
所謂薁則郁薁也蔓生類蒲萄六月孰甌
越諺云郁薁孰食新粥正詩六月所食也
存中誤以此爲郁李非也常棣棠棣唐棣
特一物猶夫移扶移蒲移之爲一物也棠
唐常夫扶蒲皆聲相邇故通用尒棠棣乃
棣之類棠者今吾之來絲海棠萼如棣而
交榦類棠其萼麗爾下來豈所謂偏其反
而者邪自爾雅分唐棣常棣爲二物遂啟

移　檍　橪

後誤校棠轉繫爾雅吕移爲唐棣棣移必棣類也詩云山有苞棣棣蕊叢生詩云威儀棣棣言其文采如棣咢之麗密也

移弋支切說見棣下

檍而至切孟子曰舍其梧檟養其樲棘爾雅曰樲酸棗

大乙百十

橪人善切淮南子曰代橪棗吕爲矜說文曰酸小棗也

棯　樸　梬　楆　柹

棯式荏切又奴店切爾雅曰還味棯棗鄭氏曰還味短味也亦作檶

樸榑木切說文曰棗也

梬呂整切說文曰棗也呂柹顏師古曰棗也

楆乳沇切廣志楆味如柹豎陽楆肥細而厚呂共御

柹鉏里切椑賓彌切椑柹同類柹實柰而

椑　桕

椑烏綠故謂烏椑又名綠柹椑又部視切親身之棺曰椑記曰君即位而爲椑鄭氏曰謂杝棺親尸者又部迷切考工記曰句兵椑鄭司農曰讀爲鼓鼙之鼙康成曰𡊮人謂斧柄爲椑則椑橢圜也說文曰圜榼也

桕其九切桕膏物也桼如鳧蹼遇霜則丹其實外膏可爲燭其覈中油可照登亦名烏臼單作臼

槿　橘　橙　柚

槿居隱切小木人多植之編爲楙籬詩顏如蕣

毛氏曰木堇也古通作堇記曰堇荁枌榆以滑之按槿棗櫨取汁昰滑古通作堇故謂之木堇康成曰冬用堇夏用荁槿不癸雕故也陸悳明曰爲菜胎非也

橘居聿切橙宅耕切亦作棖柚羊狖切亦作櫾

橘千僪切類篇曰小橘出武陵枳掌氏切凡絡濡之

果肉味甘而中食者謂之甘俗作柑若橘甘

棪　枳

橘之類不一肉味酡不堪食而皮香可食者曰橙其木朿橙之類亦不一大實厚皮皮肉俱不中食者曰柚小於柚者甌人謂之朱欒其香者爲香欒其小而不堪食者曰枳宜入藥其木多朿甌人謂之枸橘考工記曰橘踰淮而北爲枳呂氏春秋曰果之美者有云夢之柚本艸唐本注曰柚皮厚味曰不如橘皮辛而苦枳又亏聲

櫞　櫾　枸

櫞余專切柚類生南方形佀木瓜皮澤而厚味雖短而香勝置衣箱中芬香絫月

櫾直由切大木堅忍宜爲柁及櫓說文曰昆侖河隅之長木

枸俱羽切又作椇枳椇也詩云南山有枸毛氏曰枳枸也記曰婦人之摯椇榛康成曰椇枳也今邳郯之間食其實陸氏曰枸檄高大佀白楊有子著支端大如指長數寸甘美如飴八月熟

楰

亦名木蜜按令亦作㚇枸又謂白石又謂厲漢

腳指㠯其實佀指也人亦取㠯代飴作餈

能醨酒說文曰枸木也可爲醬出蜀按此乃蒟通作枸詳見蒟下又爲

枸杞之枸古㫗切

楰㠯脂切詩云隰有杞楰爾雅楰赤棟白者棟陸氏曰棟白

棠如柂皮薄而白木理赤者爲赤棟一名楰白者爲棟鄭景純曰赤棟檄葉細而岐

銳皮理錯戾叢生山中宂爲車輞白棟棠圜而岐爲大木也說文亦曰楰赤棟而無

櫑 棐

櫑力求切安石櫑也其種本出西域張騫使外國旻塗林安𩞁昰也

棐妃尾切令棐木橐佀杉而不莖幹類柏而縝澤其核中仁可食果實之美者別作榧本艸謂爾雅被杉卽此葢近佀而實非一物也書傳所用其義未詳書云天棐忱辭越天棐忱曰天畏棐忱

梧桐

曰若天棐忱曰棐組邦君厥棐有共曰教汝亏棐民彝曰公功棐迪篤曰明明棐常曰率乂亏民棐彝孔安國皆曰輔也詳書辭恐未肰

梧五胡切梧桐也僭為枝梧之梧與吾鋙通桐徒紅切桐類不一大略榦直心虛而柔大梧桐膚青故又謂青桐其皮可漚為繩故又謂皮桐其實莢生類豌豆本艸青桐文柔

俱青而無子梧桐皮白枼青而有子可食白桐類穀𠌶而不實故又謂𠌶桐本艸白桐有𠌶與子𠌶二月舒黃紫色一名椅桐又名黃桐按詩椅桐梓桼乃四物毛桐空中枼尤大文枼皆毛故謂毛桐剛桐絕類毛桐枼差細而不毛毛桐易枯剛桐能大最中琴瑟多生於山所謂嶧陽孤桐蓋此桐也本艸曰岡桐佀白桐惟無子宜作琴瑟陸氏曰白桐宜琴瑟雲南人績㠯爲布佀毛布油桐又名膏

檖

桐實可㕡油又有朿桐本艸云領南有朿桐枝榦有朿橐如梧桐𠌶側叓如掌湥紅色揥桐本艸曰江南又有頳桐秋開紅𠌶無實有紫桐𠌶如百合實堪糖煑噉又西域鄯善出胡桐孟康曰佀桑而多曲師古曰胡桐佀桐不類桑蟲食其樹沫下流者俗名胡桐淚可吕污金銀工匠皆用之流俗誤呼淚爲律本艸云出肅州吕西呼澤及山谷中相傳其木佀白楊青桐橐初生佀柳大佀桑相其液入地與石相著冬月采入藥

檖徐醉切亦作檖詩云隰有樹檖爾雅曰椽羅毛

氏曰赤羅也陸璣曰一名赤羅一名山梨今人謂之楊檖一名鹿梨一名鼠梨鄗景純曰今楊檖也實佀梨而小酢可食

楛

楛侯古切書云惟箘簵楛魯語曰有隼集亐陳𥎊之廷楛矢毌之楛葢可㠯爲矢笴也詩云瞻彼旱麓榛楛濟濟陸璣曰形佀荊而赤莖佀著上虞人織㠯爲箱筥又屈㠯爲釵

楊

楊與章切柳力久切支條揚起者曰楊弱

桺

而長條莛井下垂者曰桺亦謂垂楊弱條脩直如蒲者謂之蒲桺可爲矢笴傳所謂董澤之蒲也中庸曰夫政也者蒲盧也莊辛曰弢者方收脩其蒲盧治其繒繳蒲盧船是蒲桺蒲桺最易生吴中種之水田中彌須取如秧稻織之爲箱匪白楊移楊生於山崔豹曰青楊葉長桺葉細長白楊葉圜移楊圜葉弱蔕微風則大搖一名

高飛一名獨搖蒲柳生水邊枽佀青楊亦曰移楊亦曰蒲移枝莖勁忍堪作矢本艸曰蒲柳可為笴又謂萑苻水楊是也生水旁枽粗而白木理微赤曰杞柳人㠯為車轂共山汧水旁魯國汶水旁純生杞柳也按柳不可為桮圈杞柳當自為一物

檉

檉敕貞切詩云攺之辟之其檉其椐爾雅曰檉河柳旄澤柳楊蒲柳陸璣曰檉皮正赤如絳一名雨師枝枽如松景純曰杲氏云今河旁赤莖小楊也按詩言攺之辟之其檉其椐岐周攺土必去其當亐原廣陸者不彌先疑河旁小木爾雅之說殆未可據

影鈔元刊本六書故

椐　樻　檀

椐九魚羌居二切樻求位切爾雅椐樻陸氏曰節中腫佀扶老今人呂爲丈及馬鞭或曰樻又名靈壽顔師古云木佀竹有節長不過八九尺口可三四寸不煩繩削而可爲丈

檀徒乾切檀木堅忍橐類槐有黄白二種黄者尤堅忍毛氏曰彊忍之木也陸璣曰木皮正青滑澤與繫迷相佀又佀駮馬駮馬梓榆也故里語曰所檀不諦㝵繫迷繫迷尚可㝵駮馬繫迷又名挈榼坐諺曰上山所檀挈榼先殫本艸又白檀出海南

柘 檿 桂

柘之夜切桑類蠶所食也考工記曰取幹之道柘爲上檍次之檿桑次之

檿於琰切檿桑山桑也禹貢厥篚檿絲詩云攘之剔之其檿其柘

桂古惠切桂生領南百藥之長爾雅曰梫木桂郭景純曰今南人呼厚皮者爲木桂桂葉佀枇杷而大白華不著子叢生巖領冬夏常青本艸謂之牡桂按本艸欽韶諸州所産凡三種三三月華全類茱萸九月成實今人

梫　梣　槻

多以爲蘧實梫木如石檑枽細高丈餘四月雩如雲生江東今人又以木犀爲桂謂月中景爲桂擻進士至以中禮部弟爲折桂此固俚俗之論不知木犀何以名桂也

梫七荏千尋二切 說具桂下

梣子林切 說文曰青皮木或作棎从寖省淮南子曰梣色青治醫目高誘曰若歷木也伯曰梣譌爲秦今秦皮是也木似檀枽細而無雩取皮水漬之碧色治目眚一名石檀又作梣欑本艸有梣木皮枽煮洗蚍傷

槻均窺切 集韻曰空爲弓一曰樊槻皮能漬水和墨以書不脫按樊槻即

穀 楮

梓也甌人謂之檕櫬

穀古禄切楮丑呂切楮穀兩種一種高大皮駮實如楓實熟則紅書所謂桑穀共生者也一種皮白葉長實小佀覆盆子其木不能高大俗謂扁穀所謂楮也楮皮漚之空爲紙穀皮粗空爲菌帳故謂紙楮也又作柠又有藤皮亦可爲紙後漢蔡倫始用敗

网褋樹膚爲紙今之爲紙者用楮與竹竹
紙毳而易敗楮之用多焉凡治楮埶而薅
之三秊然後可伐伐而漚諸水火取其皮
㬥而藏之將爲紙則漬而剝之取其粹白
者鬻之吕蜃灰若石灰而篆諸清流吕厺
其灰出而㬥之而沃之而再篆之然後取
而孰掀之橐盛而濯之厺其水而搏之織

大弍百廿四

竹爲密簾爲櫝容簾爲煏四周皆壁而炎其中旣治楮和之㠯水投黄葵之根焉則釋而爲淖糜酌諸櫝抄之㠯簾其薄者單抄再抄厚者至五抄六抄旣抄則覆諸煏乾而揭之葢紙之成也其難若是紙之未興也書用簡牘刀筆故三皇五帝三王之典謨訓告下逮先秦古書國不能盡簡而

況家亏遭秦焚滅書用大缺雖秦無道亦其傳之陋故滅之易也毫楮既興然後書籍之道大備而聖人之傳家藏人有下隶醫卜星歷方技之書皆㝵其傳官府之憲章質要上所㠯令亏下下所㠯憂亏上國人之所㠯交信者無不賴其用焉百官㠯治萬民㠯察楮之用大矣哉雖然由是㠯

來法令曰苛上㠯虛文令乎下下㠯便文應乎上錙銖分寸畢徵於書老胥宿吏至不能疑其要古語云老吏抱案死蓋天下幾困於文法矣士不務於行而騖於辭極忠肆口簧鼓天下之是非絺章繢句務㠯新靡相尚爰筆舒紙曰數萬言其尤無義理者科疑程度之文也摘削破碎侮聖人

之言㠯詭去好其文理悖繆幾可駭笑上㠯是取下㠯是殫殫英俊壯銳之精鑠其知仁睈義之性盡舍他業而詰屈从事焉肰後㝵中有司之選使天下無一士不出乎此者考其皃乃無片言隻字之用而㝵去㠯爲不可改之法不知其何說也比季㠯來非程文類書則士不讀而市不鬻汗

大二百廿四

半充棟塞兮區宇矣故今㞢号爲故紙㞢
界古者祭祀用牲幣秦俗牲用馬淫祀浸
繁始用禺馬唐明皇瀆亏鬼神王璵始鑿
紙爲錢吕代幣至亏今便之凡禱祠必用
紙錢加吕畫馬楮不足謚吕槀稭負販者
肩摩而踵接也楮幣興於近㞢其始恃錢
吕權楮而其兑也舍錢而任楮屬迁數百

曰造數十萬楮不蘁於地不出諸民不責輸於州縣而巨萬之資成於俄頃夜庫之用十八出焉幾㠯楮爲國矣費鮮而利博姦民私造不畏能而爭爲之公私之楮充庠穹內楮用大賤有司數議更楮㠯救之每一更楮上失其信民失其資於是貨幣大亂商旅不行國埜嗸嗸三民喪業而國

椒

亦是病之永矣知敹識者同憂焉嗚呼楮之功大矣而其患若此者豈楮罪哉予故具論之㠯誌來者使裁成天物者無至於暴殄焉

椒椒子僚切小木多朿葉亙出㠯蒼藙其實掓六月紫赤其子突出如目謂之椒目取其散爲芼是辛芳㠯爲藥治邪气欬逆

檓

温中下㐌出蜀漢者良出秦中者曰秦椒秦椒芳辛不肃但入藥而不爲茝今俗名豬椒說文作茮从艸按椒實小木而尗於𣪊不龤

檓所八切爾雅曰檓大椒椒檓醜茮說文曰檓侣茱萸生淮南郭景純曰檓侣茱萸而小赤色叢生實大者名檓李巡曰檓茱萸也記三牲用藙康成曰煎茱萸也漢律會稽獻之爾雅謂之椒陶隱居曰俗中呼爲藙當是不識藙字轉寫之誤按檓藙檓名物有互今但共知有茱萸尒

大七十七

⿰木夔　棟　櫸　枇

⿰木夔多飢切栎之臭惡者類篇曰越栎也別作虁

棟郎電切今謂之金令子生蜀地者其實大狀類小令熟則黃本艸曰楝實如槐而長三三月華紅紫芬香實如彈凡生青熟黃爲治乞殺蠱之藥皮亦可殺蟲

櫸苟許切木生水濱葉佀檀而大掌禹錫云山櫸葉亦相類鄙人采葉爲甜茶又有山毛櫸葉加大而毛別作柜櫸

枇頻脂切枇杷果也三月熟

橄欖桄檳

橄古覽切欖盧敢切橄欖果實味苦澀咀久回甘生南中

桄姑黄切說文曰充也一說舟肻木也

檳畀民切桄榔檳榔皆生交廣本艸曰桄榔木佀栟櫚而堅硬斫其閒有麪大者至數石皮可紉爲綆彙下有須如馬尾檳榔如桄榔而高五七丈正直無枝皮佀青桐

小字十五

節如桂竹葉生木顛大如楯頭又佀巴蕉葉實作房从葉中出一房數百狀佀雞心領表㠯當果核食之下气郎又作榔

榕

榕余封切南中木枝蘇節節生根下垂諺云榕樹到生根也

椰

椰㠯遮切生南中木高六七尺葉如束蒲粤如千葉木蓮實如大瓠中有瓤如肪白

梔　栟　櫚

可食有汁可歙南人謂之椰子酒其殼堅

可爲栝盃

梔章移切小木夏華潔白芬香秋實丹黃

可染實類卮本單作卮

栟蒲眠夜盈二切櫚陵如切栟櫚木高者

一二丈葉如蒲扇實如阜子葉下有毛亶

如鬉故亦謂鬉櫚亦作椶㯶亦作棕相如揚

檗　樠

雄賦單作幷閭

檗愽僻切黄檗束木性涼可爲藥亦可染黄本艸曰木高數丈葉類茱萸及椿皮黄又有小檗條如石榴子如枸杞有束皮黄可染別作蘗

樠莫干莫昆二切說文曰松心木傳曰楚子卒於樠木之下杜氏曰大木名陸德明曰郎蕩切又莫昆切按㒼無郎蕩之聲漢書曰烏孫山多松樠顔師古曰木心佀松莊周曰

樿　楷　杝

㠯爲門戶則液樠司馬彪曰謂脂出樠樠然崔氏曰㶆液出也

樿旨善切記曰櫛尊樿勺又曰櫛用樿櫛康成曰木白理

楷古諧切說文曰木也孔子冢蓋樹之又苦駭切記曰令世行之後世㠯爲楷陸悳明曰法式也

杝弋支切記有杝棺爾雅曰椵杝郭景純曰白椵也木佀白楊能溼又曰櫠椵景純曰柚屬子大如盂皮厚二三寸中佀枳少味

楀王巨切說文曰木也詩云楀維師氏

欒盧丸切說文曰木侶欄按說文無欄字白虎通曰天子樹松諸侯柏大夫欒士槐本艸欒木侶木蓳而細䓘黃侶槐而稍長大子殼侶酸棗中有實如豌豆堅硬圓累堪爲數珠沈存中云一種樹生實可爲數珠謂之木欒木本艸所謂欒也黃荊亦謂之土欒本艸又有欒荊按晉有欒氏又詩云棘人欒欒兮毛氏曰瘠皃又考工記曰鍾兩角謂之欒又左思賦欒櫨疊柂注欒曲枅也又曰琱欒鏤楶注欒拱也張平子賦結重欒

杬　楑　權

吕相承謂栱者是又偺爲團欒俗語團欒突欒皆合之爲團也

杬愚袁切爾雅曰杬魚毒景純曰大木生南方實佀梟皮㫗煮汁可藏卵果

楑丈忍切山欅也染者用其稾燒灰吕收所染之色黄逄堅名之曰山欅別作栵

權渠員切爾雅曰權黄英又釋艸權黄𠌶説文曰黄𠌶木吕艸釋木佀誤

俗爲權衡之權今所謂稱鎚也衡常主乎
稱物之輕重而肯郤㠯就乎者權也故揆
事物之旹義而變與㠯就道者曰權昜之
言巽曰稱曰㠯行權孔子曰可與立未可
與權孟子曰執中無權猶執一也權無常
止止於乎而已矣君子之行權也止於道
而已矣公羊氏曰權者反於經夫衡乎之

謂經權所吕合經非反經也自反經說起
於是反常倍道者皆託於權而權譎機權
之說生焉陸宣公曰權之爲義取類權衡
若重其所輕輕其所重而謂之權不亦反
乎吕反道爲權吕任數爲知此所吕長姦
邪而多惑亂也流俗至吕攝官爲權因是
有權輕之說繆矣衡之輕重肯郤制於權

故權秉權埶之說生焉

椋　楢　枋

椋呂張切爾雅椋即來本艸曰枽侶柿兩兩相當子細圜如牛李子生青孰黑鄭氏曰才中車輞

楢㠯周切說文曰柔木也工官㠯爲耎輪

枋府良切莊子曰蜩與學鳩決起而飛搶榆枋旹則不至而控於地李氏曰枋檀木也說文曰檀枋也一曰鉏柄名枋木可作車俗㠯此爲柄非

捈　梀

捈同都直加二切茗也今俗用茶字因改諧聲之余其下爲木㠯別異之殊無義捈乃小木不當从艸集韻搽苦荼也又直加切茗也又謂之荈爾雅曰檟苦荼

梀如之而寃二切記曰芝梀蔆椇爾雅曰㮚梀陸璣曰梀如榆木理堅韌而赤可爲車輻鄭景純曰佀槲樕而庳小子如小㮚江東亦呼曰梀㮚伯曰在地曰芝在木曰梀本作而又作萸說文曰木耳也又作㮕類篇曰𣝣木耳也亦作檽又曰樗棗也佀柹而小說文曰

栵　樾　榮

屋枅上欂也爾雅曰栭謂之楶按記稱芝栭菱椇皆可食者而芝與栭𦬸稱伯說爲當說文類篇木耳之說近之

栵　力制良薛二切詩云作之屏之其菑其翳脩之平之其灌其栵程氏曰叢生曰灌行生曰栵爾雅栵栭鄭氏曰詩言菑翳灌栵不應栵獨爲木名程說是也

樾　王伐切孫愐曰樹陰也或作樾

榮　永兵切艸木䓤也因榮䓤之義而爲榮

辱之榮又爲榮衛人之一身榮血也衛气也血盛則色榮又假借屋翼也檐榮轂義相通記曰洗當東榮又曰憂升自東榮降自西北榮爾雅曰榮桐木

柔

柔而由切木初生柔耎也引之則柔之義無所不通金之柔爲鍒革之柔爲鞣肉之柔爲腬埶非土剛者耰而柔之謂之柔田別作⿰目柔

梃　梴　枤　樛

梃他頂切攴條挺出也取吕擊撻因謂之梃辻頂切孟子曰殺人吕梃與刃又曰制梃吕撻秦楚之堅甲利兵

梴尸連切木長也商頌曰松桷有梴通亦作挻

枤特計切詩云有枤之杜毛氏曰特皃說文曰樹皃

樛居蚴切木句曲也亦作朻

榣　栽　樹

榣餘招切晉語曰榣木不生危韋昭曰大木也

栽作來切種核曰種移植曰栽穉曰栽長曰樹中庸曰栽者培之故俗亦謂木苗爲栽亦借用菑又昨代切傳曰水昏正而栽日至而畢收築城先植楨榦也又謂之植傳曰華元爲植巡功說文曰築牆長版非也

樹常句切尌古文種曰埶栽曰樹艸曰埶

佐

木曰檝引之則凡檝杢者皆曰檝說文曰生植之細名

植

植常職切檝也或作櫃植之爲植植杢爲植直吏切傳曰宋華元爲植巡功語曰植其丈而芸杢木㠯度蠶曲者亦曰植月令載勝降于桑具曲植筥匡關西謂之㭙關東謂之槌越人亦謂之槌說文又有㭙槌也徐本陟革切唐本唐記反栚槌之橫者直衽切按此皆本植

字一聲之轉因方言小變遂分去三字如此者甚多也

樸

[樸]匹角切木未器也在木為樸在玉為璞說文曰木素也因之為質樸樸素樸實考工記曰察車之道欲其樸屬不樸屬無㠯為完久也言其樸實固著也亦作[朴]說文曰木皮也藥有厚朴葉如槲不冬雕彎紅實青皮厚而澤㠯其皮入藥樸又步木切詩云林有樸樕

楨　棞

說具楸下爾雅曰樸楸心毛氏曰小木也或曰樸楸槲楸也有心能溼江淮閒吕作柱

又補木切詩云芃芃棫樸爾雅曰樸枹者鄭氏曰白桵相樸屬而生者鄭氏曰樸屬叢生者爲枹

楨陟盈切說文曰剛木也書曰峙乃楨榦孔氏曰題曰楨旁曰榦詩云維周之楨毛氏曰楨榦也

棞胡昆切又去聲說文曰完木未析也又梡上聲棞木薪也明堂位曰俎有虞氏吕梡康成曰斷木爲三足而已胡官切又上聲

極

又作棍類篇曰束木也揚雄曰棍申柣與菌桂

極渠力切棟也極當屋之中三方輻湊之所取衷也故有中義焉極當屋之隆三方輻湊之所厎止也故有厎至究極之義焉北辰居天之中眾星環共故曰北極易之作也爻象吕盡意象昉於一一生兩兩生三三生八兩曰儀三曰象八曰卦儀象卦

皆本於一故名之曰太極太之爲言莫之

與先也洪範之𣅀九而五居其中君王宗

主之位也故謂之皇極皇大也君也大君

者建中㠯爲民極所謂皇建其有極也詩

云商邑翼翼三方之極周禮曰惟王建國

辨方正位體國經野設官分職㠯爲民極

中天下而正治王國所㠯爲三方之極也

詩云去我烝民莫匪爾極凡此所謂極皆取屋極之義兼中與至者也詩云倬倬蒼天曷其有極考工記曰旹文思索允臻其極記曰樂極和禮極順曰窮高極遠書云威用六極凡此皆取窮極之義者也直吕中訓極者非也直吕至訓極者亦非也夫理義之精微者難言而易之理尤賾故非

象無吕盡意極儀象卦皆因象吕見意者也而世之言太極者異焉吕超乎形器者為極莊周王通之說皆繆於聖人者也

棟　朵　楣

棟多貢切屋正中上衡也爾雅曰桴謂之棟

朵謨郎切說文曰棟也爾雅曰朵廇謂之梁

楣旻悲切屋下架衡也凡屋五架正中之衡曰棟次曰廇下架曰楣楣猶眉也楣之

柱

下徃徃爲門故謂門楣㪅居棟與楣之閒

猶庋也䝿禮序則物當棟堂則物當楣鄭氏曰楣爲棟之次架按䝿禮又曰豫則鉤楹内堂則由楹外當夕物北面揖蓋䝿必臨下架故竟由楹外已卽物楣楹上之衡也外廉亭淺而堂深故堂則設物當下架當若楣爲中架則亦當鉤楹内矣說文曰秦名屋櫋聯也齊謂之檐楚謂之梠亦非也

柱直主直遇二切大木承棟梁者也又展呂切樘柱也亦作柱又朱遇切冢拄也

楹　樘　棁　枅　榕

楹㠯成切柱也或作櫺

樘丑庚切又作橖衺柱也與牚通

棁朱劣切梁上短柱也短故又名朱儒又他活切淮南子曰揮棁而呼狗欲致之顧反走說文曰木丈也按穀梁氏捝殺也从手釋文引字林曰木丈也當从木

枅古兮切柱上方木承衡者也

楶子結切柱上斗也管仲山節藻棁論語

欂　櫨　榱

禮記楶皆佐節謂柱上有斗如竹有節也爾雅栭謂之楶說文曰栭屋枅上欂楶欂櫨也

欂伯各切又薄陌切櫨洛胡切枅也爾雅疏㠯梹爲枅又名欂又名沓㠯楶爲櫨又名栭又謂斗栱說文則㠯櫨爲柱上柎枅爲櫨欂爲壁柱欂櫨爲楶相如賦有栲櫨古今字林曰合樗木也顔師古曰今黄櫨木也桼園木黃堪染黄

榱初追切椽也

椽 桷

椽直專切衡上謏小木㠯載瓦也

桷古岳切易曰鴻漸亏木或𠭁其桷商頌曰陟彼景山松柏丸丸是斷是遷方斲是虔松桷有梴魯頌曰徂來之松新甫之柏是斷是度松桷有舄毛氏曰舄榱也春秋書魯刻桓宮桷杜氏曰桷椽也傳曰子尾抽桷擊扉三慶舍爰廟桷動於甍說文曰方曰桷又曰秦曰椽周曰榱齊魯曰桷

欑　櫋　梠

按易言鴻漸于木而㝵桷則桷舶柯之類鴻駢跖本不能木迺㝵桷而可安桷蓋柯之大者取㠯爲椽今浙迺猶謂椽爲桷

欑盧皓切又憐崩切說文曰椽也蓋㠯亦謂之欑又作𨏪

櫋莫田切屋櫋聯也

梠力舉切說文曰楣也蓋誤㠯楣爲櫋聯椽耑著橫木㠯聯椽者今人謂之櫋梠畱熙釋名梠或謂之槾緜聯榱頭使亝𠀭也

櫋　檐　⿰木芟　樓

櫋鼻空切　說文曰梠也徐鍇曰即連檐木也在椽之端張衡賦鏤檻文櫋注連檐也

檐余廉切宇也記曰复廟重檐　鄭氏曰承壁材也非　亦作櫩壛徐鉉曰俗作簷非按檐不用竹今俗又以檐爲儋何之儋非

⿰木芟所監切　類篇曰接檐也　按今以屋東西榮柱外之宇爲⿰木芟

樓浴侯切重屋也　或作⿰亯婁城上樓也

椒　棖　樞

椒詞夜切屋無室曰椒亦謂之序禮又作豫椒序豫豫音相近也臺上之屋三達故亦謂之椒說亦見序下

棖烏恢切說文曰門樞也

樞七余切戶門之軸也引之則凡圜中持轉者皆謂之樞樞者轉之柄機者發之主也所以謂樞機也又木名詩云山有樞爾雅

橛　椿　樴

曰樞笙直之切陸氏曰朿榆也其朿佀柘而栗如榆己爲茹芙滑於白榆恐未必然

橛瞿月切說文曰弋也一曰門閫也莊子曰処身若橛朱枸橛椿皆木之已斫伐者史記曰昔有銜橛之變張揖曰橛騑馬口長銜也周輿輿服志曰鉤爷上者爲鞶鞶在銜中己鐵爲之

椿朱江切說文新附曰橛弋也橛短曰椿俗又曰梩椿皆切椿轂之轉也

樴之弋切爾雅曰樴謂之杙周禮牛人祭祀共其亯牛求牛己授職人而

楗　橦　杠

芻之康成曰職讀爲樴樴弋也可㠯繫牛

楗渠蹇切又乎去二轂楗也漢武帝塞河下淇園之竹㠯爲楗

橦傳江切植爲橦衡爲杠帳柱栓猶之幹皆曰橦又徒紅切孫愐曰橦𠌶可爲布又木丬謂之橦唐長安有司農木橦

渠

杠古雙切孟子曰歲十一月徒杠成謂衡

木㠯度也牀之㫗後橫木亦謂之杠說文曰牀㫗橫木也令人㠯扛重之木爲扛古衘切

桯

桯他丁戶經二切杠之小者也說文曰牀㫗几也鄭司農曰蓋杠也

考工記曰輪人爲蓋桯口六寸長八尺

又作朾春秋地有虛朾又宅耕切說文曰朾橦也

槷

槷魚列切亦作臬又作闑鄭康成曰熱省毄說文曰臬从

棖　楔

木从自弜準的也李陽冰曰劓省敳按槷埶敳爾雅棖謂之楔橛謂之闑又曰樴謂之杙在牆曰楎在地曰臬棖宅耕切說文曰丈也楔先結切說文曰櫼也記曰君入門介拂臬大夫中棖與闑之間士介拂棖賓入不中門公事自闑西私事自闑東按棖槷橛楔之名義諸家之說眩易不明㠯經傳考之槷植木於地也故亦謂之橛亦謂之弋考工記曰置槷

㠯縣檕之義可知也謂檕爲檄爲弋則禮可謂閫爲臬不可
所謂棖者門兩旁長木令人所謂貼方也
李巡曰閫上兩旁長木也陸悳明曰兩旁
木楔是也禮所謂臬者門中關木令人所
謂橛古詩所謂扊扅也後人加門㠯别之
爲闑也闢門雖不設臬而臬之位存焉君
出入中門則當臬也介拂臬則从君少差

也大夫中棖與臬之間則加遠辟君也士介拂棖則彌遠中辟大夫也蒐田之禮置旃以爲門以葛覆質以爲槷棖與槷之義居可知也冠禮筮曰席于闑西閾外鄭氏曰闑古文作槷臬之不可謂闑明矣康誥曰汝陳旹臬司師茲殷罰有倫曰汝陳旹臬事罰蔽殷彝孔氏訓法侗謂臬刑罰之事也謂之臬事者言當謹其罪之出入也

櫼 桓

櫼精廉切說文曰楔也徐鉉曰即令尖文徐說非也櫼古砧字

桓戶官切柱之植立者曰桓雙植㠯爲門者謂之桓門亦謂和門亦謂華表桓和華一聲也周禮曰㠯旌爲之又和之門古者諸侯之葬植桓楹穿中爲鹿盧㠯縣窆下棺天子之葬斲石爲碑㠯爲鹿盧記曰公室視豐碑三家視桓楹後人效之因刻碑

馬㠯志墓謂之桓碑也公執桓圭則㠯其摶直如桓也別作瓛引之爲桓桓之義植太武毅之皃也說文作桓又俗爲盤桓之桓盤桓裴回聲義相近而差不同

櫺連丁切櫳盧紅切櫺櫳房室之交疏也言旁其靈籠疏通也說文曰櫺楯閒子櫺龔房室之疏也櫳檻也按龔櫳實一字檻鳥獸者亦㠯木爲交疏故通謂之櫳非有二字也

楯 檻 格

楯食允切說文曰闌檻也用爲干盾之盾非

檻胡黯切闌也說文曰櫳也一曰圈

格古百切交木爲方疏也說文曰木長皃引之則㠯方格物爲格正之義書云格則承之又曰惟先格王正厥事曰格其非心孟子曰惟大人爲能格君心之非俗義爲感爲徹至詩云神之格思神来是格言其感而至

牀　𣟴

也書云格亏上下格亏文祖格汝舜格汝衆庻七旬有苗格祖考來格有若伊尹格亏皇天大學所謂格物致知皆徹至之義也亦通作假又僭爲格鬥距格之格書云不格姦别作格挌敋又僭爲扞格之格下格切

牀士莊切寢𣟴也或作床

𣟴他盍切牀類

案　榪　耒

案烏旰切榻類周官掌次王大旅上帝則張氈案設皇邸祭祀朝覲會同師田皆設案康成曰呂氈爲牀也

榪莫駕切牀端橫木也

耒盧對切耜上句木也易曰神農氏作斲木爲耜揉木爲耒考工記曰車人爲耒疷長尺有一寸中直者三尺有三寸上句者

耜

二尺有二寸緣其外㠯至於首㠯弥其內六尺有六寸與步相中也康成曰𤬪耒下耑曲接耜处也說文曰从木推丯按耒無丯形者丯乃聲也

耒之龤聲

耜詳里切耒下剌土臿也古㠯木爲之後世㠯金考工記曰耜廣五寸吕氏春秋曰六尺之耜所㠯成畎也其博八寸所㠯成甽也高誘曰刃廣八寸說文枱从木甾

耓　耦　耕

也或作梩徐鉉曰今俗从耜

耓湯丁切耒下木也又作䎓

耦五口切考工記曰二耜爲耦一耦之伐廣尺深尺謂之甽引之爲奇耦之耦俗亦作偶

耕古莖切吕耒耜反土也用牛曰犂別作畊

䎱　耰

䎱蒲巴切臥兩耒著齒其下人立其上而牛輓之㠯摩田也別作䥯說文曰枱屬

耰於求切摩田也既耕而耰之㠯易田也語曰長沮桀溺耦而耕子路問津焉耰而不輟既播而耰之㠯覆種也孟子曰今夫麰麥播種而耰之漢書作櫌亦謂之耮郎到切

又作耮

耨　耘　耔

耨奴豆切薅器也孟子曰深耕易耨呂氏春秋曰耨柄尺此其度也其耨六寸所㠯閒稼也簒文曰柄長三尺刃廣二寸㠯刺地除艸別作鎒槈

耘羽分切除苗穢也亦作秐別作芸又作蕓

耔即里切又津之切邕禾本也漢志曰耘除艸也耔附根也每畝爲三甽而播種其中苗生葉㠯上稍耨隴艸每輒隤

其土㠯附苗根比盛暑隴盡而根深能風與旱所謂耔也别作秄芓

耤

耤秦昔慈夜二切方里而井井九百畝八家皆耕百畝而耤其力㠯養公田所謂九一而耤也帝耤千畝天子所率公卿大夫士躳耕者也孟子曰夏后氏五十而貢殷人七十而助周人百畝而徹

耬　耖　枷

助者耤也令經傳皆作藉引其義因爲僖傳曰吾小人可藉死漢書曰藉弟令無斬又曰藉友報仇

耬郎侯切下種具也又上聲賈思勰曰耬有三脚者有兩脚者不如一脚者之爲旻也

耖楚敎切耰耕曰耖

枷古牙切接欘兩木爲連枷以擊落禾穀

杷　𣏕　𣓝　柶

也說文曰淮南謂之柍方言曰自關而西謂之柫亝語曰耒耜枷芟軍器亦用此

杷蒲巴切爬艸土收禾麥器也漢書曰捽艸杷土又枇杷果名

𣏕戶瓜切兩刃臿也說文曰丫象形按丫乃㲉

𣓝疑朱切說文曰𣏕臿也从入明㲉按字書又有欋亝魯謂四齒杷曰欋

柶息利切柶狀如匕古呂㰟醴令之匙近

梜　　榼　桶

之

梜古劦古狎二切記曰羹之有菜者用梜猶箸也又作筴少儀曰筴籥竹木皆可為

梜字林曰筴箸也說文曰梜檢柙也孫氏古狎切

榼克盍切盛酒器扁翩者

桶吐孔切受盛圜器古通作甬月令曰日夜分則角斗甬史記曰平斗斗桶說文曰木方受六升

按今人合版爲圜束之㠯篾設當於下謂之桶猶鍾甬也

概

概工代切斗斛之木也引而申之凡壹槩者皆曰概方音或爲古漫古轄二切因别爲杚文實一字也集韻杚又居代切或說爲丈爲杙或音古外亘削切皆非

棜

棜於庶切饋食禮陳棜在鼎南實獸于其上喪禮設棜于東堂下饌于其上兩甒醴

酒酒在南匪在東實角觶木柶豆在甒北籩亦如之鄭氏曰棜之制如今大木轝上有四周無足少牢禮司宮尊兩甒同棜鄭氏曰棜無足禁酒戒也大夫去足改名棜優尊者若不爲戒記曰禮有已下爲貴者天子諸侯廢禁大夫士棜禁康成曰棜斷禁也謂之棜者無足佀棜大夫斷禁士棜禁如今方案楕長局足高三寸按古之用棜猶今之用案卓故獸笥甒匪籩豆皆錯焉酒必有禁大夫士則錯諸棜故謂之棜禁廢禁猶廢㱿也謂其無足也棜

椸　楎　架

則有足矣故曰㠯下爲賚也康成謂椸無足者非也

椸 㠯支切 別作箷方言曰榻歬几趙魏之閒謂之椸 楎 吁韋切 說文曰从木軍聲六叉犂一曰犂上曲木犂轅讀若渾天之渾鄭氏曰弋也 架 古訝切 別作榢 記曰男女不同椸架不敢縣於夫之楎椸 爾雅曰在牆曰楎竿謂之箷 按架與冓閣聲相近冓木㠯閣物之謂架架之爲言若加故俗有架冓架閣之說衡而在上者爲

桁　枕

桁架㠯庋物桁㠯縣物楎椸雖未詳爾雅謂之竿謂在牆則亦桁之類也李曰架古謂之閣天子之閣𠂇達五又達五鄭氏曰版爲之庋食物也

桁下浪切說具架下又寒剛切莊周曰桁楊者相推也司馬彪曰腳長械也崔譔曰夾頸及脛者皆曰桁楊

枕章荏切臥所用薦首也枕之曰枕去聲魚𡿺中骨可爲器者亦謂之枕別作魫

櫛　榛　楥　機

櫛阻瑟切理髮者也考工記曰刮摩之工玉楖鄭司農曰讀如櫛孔氏曰楖櫛一也

榛達劦切集韻弋涉切牖也一曰榛楡縣名在雲中按今人㠯食器之淺盛負肉不泊者為榛

楥許劵切屐楔也別作楦又亏元切籬落也

機居衣切說文曰主發謂之機按機有二織布帛之具合名曰機弩則主發者為機

縢　椱　杼

今人所謂弩身也

縢詩證切說文曰機之持經者

椱扶富切說文曰機之持繒者

杼直呂切行緯者也今人謂之梭凡爲杼必蔑削其兩端然後可以往來經閒故杼有殺義焉考工記曰凡爲輪行澤者欲杼杼以行澤則是刀以割塗也又曰大圭杼

梭　柅

上皆謂剡之別作竽

梭穌禾切杼也別作䈗

柅奴禮切易曰繫于金柅說文曰柅實如梨杘篗柄或作柅檷絡絲趺鄭敷仲曰杘篗柄也陸氏曰讀若昵一曰柅止車木按車行欲止必有所繫止所謂金柅者以金為之卓地為固也孟子曰止或尼之殆謂此也絡絲趺因以為名今人猶云絡柅也杘乃削子所謂罬髺杘嬭夷切者从木尸㲉說文所謂篗柄者即杘之省文尒檷柅實一字既為絡柅不㝵又為篗柄也別又作鑈鈮

桱　桓　杴　梩

桱步禮切桓戶故切交木㠯止行者也周官王之會同之舍設桱桓再重故書桓爲柜鄭司農曰桱㮴桱也杜子春曰桱桓行馬也

杴虛嚴切木鑿也

梩陵之切孟子曰反虆梩而掩之說者曰土轝也按孟子言反虆梩而掩之殆非土轝也司馬法周輜輦載梩說文曰㭒臿也或作梩从里一曰徙土轝亝人語也徐鉉曰今俗作耜又作枱耒耑

槽　棧

也或作鉆从金孫氏弋攴切非

槽才勞切鑿木爲槽㠯食畜也

棧士限切編柴木爲棧也又作栫傳曰栫之㠯棘又才甸切車㠯棧者謂之棧車詩云有棧之車險道縣絕棧木㠯通者謂之棧道編木㠯養馬謂之棧櫪莊周曰編之㠯皁

棧徐氏曰編木作櫺佀牀㠯禦溼也崔氏曰木棚也

棚　楄　柎

棚蒲庚切棧閣也

楄卑眠切編木也傳曰楄柎所㠯藉幹說文曰楄部方木也引春秋傳杜氏曰棺中笭牀也

柎甫無切又去聲說文曰闌足也傳曰楄柎所㠯藉幹者杜氏曰棺中笭牀也考工記弓人曰於挺臂中有柎焉故剽康成曰側骨也又曰凡爲弓方其峻而高其柎又曰下柎之弓末應將興爲

櫪 柵 梯

枚而發必動於網（康成曰弓枚皁罔應弦則枚動）

櫪郎擊切（說文曰櫪櫪樧桍指也未詳櫪樧桍指爲何）按畜馬者有棧櫪亦名漢書馬不伏歷不可以趨道單作歷

柵楚革切植木編以爲藩也

梯土雞切以木爲階也梯階聲相近古謂梯曰階記曰狄人設階

桴　枹　栰

桴方無切編木浮川也語曰乘桴浮于海亦作泭說文曰泭編木吕度水也又作柎爾雅曰庚人乘泭又曰棟謂之桴按棟之爲桴不足據桴枹柎三字多譌互今正定之

枹甫柔切擊鼓丈也亦作桴按二字多互用

栰房越方吠二切桴也亦作筏亦謂之排馬氏曰大曰栰小曰桴又作橃說文曰橃海中大船也徐鉉曰今俗作茷又作筏非按桴泭栰橃皆一聲之轉謂爲船者非

棑　杭　柁

棑 薄皆切，栰也。又作箄，漢書乘箄船。亦作簰。

杭 胡郎切，方舟也。詩云：誰謂河廣，一葦杭之。毛氏曰：度也。楚辭曰：魂中道而無杭。淮南子曰：舟杭一日不能淦。又作斻，說文曰：方舟也。又作航，亦通作桁。晉朱雀航，亦作朱雀桁。

柁 徒可切，舟尾謂柁，隨流轉之以正舟者也。亦作柂。

楫　櫂　槳

楫子叶切又作檝別作艥

櫂直效切史記通作濯亦作棹又直角切梢櫂木無枝柯皃

槳子兩切楫櫂槳皆所以進船也剡而薄之爲揖易曰剡木爲楫凡舟之用戈者曰楫推而斡之曰槳別作艘搖者曰櫓刺者曰櫂曰篙

枻　檣　桅　梁

枻以制切楚辭曰桂櫂兮蘭枻類篇曰楫謂之枻或曰柁也朱子曰船旁版也或作栧

檣才竿切船上帆竿也別作艢

桅吾回切檣也說文曰黃木可染者

梁呂張切駕木跨水以度也从木从水刅

𣴐古文續兩木以度水也其在屋則从

跨兩楹而負朱儒者謂之梁橫木水中以

橋　権

張負者亦曰梁

橋渠嬌切梁也別作墧絜水之衡亦謂之橋記曰弄帘如橋衡康成曰井上桔槔衡上低仰帘如之以仰又低陸氏居庿切古亦通㠯爲轎字士昬禮曰笄加亐橋鄭氏曰所㠯庋笄其制未聞史記河渠書曰山行即橋按山行所乘即今轎字厺聲

権江岳切獨木橋也漢権酒沽鹽鐵盖取

桔　橰　柣

此義縣官專其利非官沽賣則不㝵行也

桔古八、切絜橰也亦作桔橰又古屑切傳曰門亏桔柣之門又桔梗艸藥也

橰古牢切桔橰也莊周曰有械於此鑿木爲機肯重後輕挈水若抽其名爲橰古亦單作絜皋絜亦作桔皋亦作槔

柣迭結切說具桔下又直質切爾雅閾謂之柣孫炎云門限也俗謂地柣

械　櫓　柷　棨

械戶戒切器械也唐本說文曰或說內盛爲器外盛爲械

櫓籠五切大盾也古單作卤別作艣樐㯭按令人又㠯爲進舟之櫓

柷昌六切書云合止柷敔詩云鞉磬柷圉毛氏曰木控也說文曰㠯止音爲節鄭璞曰柷方二尺三寸深一尺八寸中有椎柄連厎挏之乂又擊其椎名止

棨康禮切說文曰傳信也漢書曰建幢棨李奇曰戟也顏

檄　札

師古曰有衣韔也崔豹古今注棨韔吕木爲之奈汰韜之亦謂之油韔王公吕下通吕歬驅

檄胡狄切說文曰二尺書也顔師古曰吕木簡爲書長尺二寸魏武奏事云有急則臿吕鳥羽謂之羽檄

札側八切木片也說文曰牒也漢書曰谷子雲筆札又曰一札十行漢人葢吕此爲簡牘也甲之革片因謂之札傳曰蹲甲而敓之

徹七札焉考工記曰凡爲甲必先爲容然後制革鄭司農曰裁制札之廣袤類篇曰甲棄也又俗爲札癧之札㱦舭也周禮曰大荒大札則不舉傳曰札癧夭昬別作舭乩

令俗㠯爲札縛之札

槧七豔切又自琰切說文曰牘樸也又在敢切削木也

檢居奄切說文曰書署也東漢封禪有司奏用玉牒書有玉檢又用石檢十枚東西各三南北各二皆長三尺廣一尺厚七寸檢中刻三處深三寸方五寸有

柙

蓋檢用金鏤玉周㠯水銀和金爲泥上㠯用石功難欲因故封空檢更加封而已又曰檢狀如封匧檢蓋㠯木爲之所用檢柙也凡封緘者用之故引之爲檢束檢制孟子曰狗彘食人食而不知檢俗因用爲檢覈檢閱檢察非

柙戶甲切說文曰檻也[illegible]古文語曰虎兕出於柙漢大喪斂用玉柙漢儀注㠯玉爲襦如鎧狀黃金縷綴之自要㠯下㠯玉爲札長尺廣二寸半爲柙

檠 榜 檃 模

檠亘京切又去聲弓榜也凡檠弄者皆曰檠今人謂登臺爲檠也

榜補盲切說文曰所以輔弓弩者也又北孟切榻類楚辭曰亝吳榜而擊汰

檃於謹切說文曰栝也栝檃也荀子曰用句木者必檃栝亦通作隱

模莫胡切作器法也木曰模竹曰範土曰

柝　梆　枘

㘽通作摹別作橅撫

柝他各切易曰重門擊柝以待暴客馬氏曰兩木相擊以行夜說文曰柝判也引易別作㰂說文曰㰂行夜所擊也亦引易

梆悲江切斷木三尺許擊之其聲邦邦今官夜擊之以爲號召之節近俗古之用柝也

枘儒稅切木之相入𣏌爲鑿壯爲枘鑿空

爲鑿入空爲枘淮南子僣用芮又音訥

柄 柲

柄陂病切戈矛斤斧之屬其柯曰柄人所秉也亦通作秉別作棅枋

柲兵媚切柄也考工記曰戈柲六尺有六寸按柄柲同聲其實皆秉之轉也古蓋未有柄字士喪禮弓有柲康成曰弓檠也弛則縛之弓裏備損傷引詩竹柲緄縢別作韠按弓柲疑即必字

椄　槢　櫑　槷　椎

椄卽葉切槢辻劦切莊子曰椄槢枘鑿說文曰椄續木也槢木名孫氏佀入切

櫑盧猥切又亏敳漢雋不疑帶櫑具劒晉灼曰劒首刻木如弓菑形也一說劒上鹿盧飾說文㠯爲尊罍之罍

槷莫卜切詩云五槷梁輈毛氏曰歷錄也

椎直追切木拳所用㠯椎擊者也說文曰亝人謂之終葵終葵戟葵也其實拳然爲

椎者象之考工記曰天子之圭杼上兵葵首謂象葵實爲椎首也與鏉通俗作鎚槌相類篇曰椎又木名佀梟而小朱惟切

栿

𣓰房六切類篇曰梁也按令人㠯小木貼欳大木之上爲栿浙人亦㠯梁爲栿

棓

棓步項切說文曰梲也梲木又也公羊傳曰踊亏棓而窺客何休曰高下有䜌加躡版曰棓蒲侯切史記天官書

欃　槍　檛　檇

紫宮乡三星曰天槍又五星曰天棓韋昭音剖司馬音皮蘇林音掊打之掊詩緯云主槍人棓人按今俗作棒又作掊棒

欃鉏咸切相如賦曰欃檀木蘭康成曰欃檀檀別名天官書有天欃天槍韋昭曰欃音毚𣆶之毚毚又作欃

槍七羊切說文曰距也一曰槍欀也剡木爲刃也

檛莊拏切箠也馬箠亦曰檛說文作箠箠也又作簻

檇遵爲切又去聲說文曰㠯木有所擣也

築　椓

按今人猶有此語又叔遂切㫷秋越敗吳亐檇李杜元凱曰嘉興醉李城

築陟玉切吕木築土也𥫃古文从土別作[illegible]

椓竹角切又丁木切說文曰擊也書曰蚩尤爰始淫爲劓刵椓黥孔氏曰椓侌也詩云椓之丁丁又曰椓之橐橐鄭氏曰櫓土也又作𣪠說文曰擊也又作豛說文曰椎擊物也又作椓又作斀說文曰厺侌之刑也引書劓刵斀黥

桊　榕　椹

桊古倦切牛鼻中木也又作絭拳

榕側嫁切又作醡笮沛酒具也

椹張林切鈇質也古稱鈇椹椹質周官司弓矢王弓弧弓以授射甲革椹質者王弓弓之彊者故試諸甲革椹質也圉師射則充椹質圉人蒭莝食馬椹質其所掌也故射則使共之古之斬戮者用椹質故謂伏

校

斧椹伏質也攙衣者㠯石爲質故椹亦作碪从石俗又作枯桑實亦謂之椹亦作葚食荏切

校戶交戶孝二切校有交義或曰交木爲校會意凡俎之下皆有衡木爲足謂之校士昏禮曰拂几授校鄭氏曰几足也記曰夫人薦豆執校鄭氏曰豆中央直者也豆有校猶几之校足也按因校之校取此易曰屨校滅止又曰何校滅耳又

棊

引之爲廄校周官校人掌王馬之政六廄成校漢趙充國爲塹壘木樵校聯不絕師古曰校謂用木相毌穿己爲固者廄之名校蓋用闌械闌養馬也又借爲學校孟子曰夏曰校殷曰序周曰庠校者敎也又借爲考校之校古效切引之爲校競語曰犯而不校通作較別作挍从手非

大日二十四

㮚渠之切奕子也博投亦謂之棊又作碁棋

枰　梏　桊　桎

枰蒲兵切　說文曰平也一曰博局相如賦曰華楓枰櫑郭景純曰平仲木也史記作檘

梏古沃切　頸械也

桊古勇切　兩手共械也亦會意　或作拲

桎之日切　足械也　鄭司農曰桊兩手共一木桎梏兩手各一木康成曰在足曰桎在手曰梏王介甫曰梏在脛桎在足桊在手按傳曰樂繼己弓梏華弱於翰則梏在脛明矣

椵　楅　櫬　棺

椵古牙切梏也鄭氏說椵見楅下令人書爲枷與連、枷亂當定作椵說文曰椵木可作牀几讀若賈

楅彼即切又方六切周官祭祀飾牛牲設其楅衡魯頌曰夏而楅衡鄭氏曰楅設於角衡設於鼻如椵狀杜子春曰所㠯持牛令不得抵觸說文曰㠯木有所逼束也

櫬初覲切親身棺也

棺古丸切死者所用周身也

椁　槥　槎　栞

槨古縛切棺外𩫏也古單作𩫏谷作槨

槥才芮切又為綴切漢書曰士卒从軍死者為槥歸其縣縣給棺葬應劭曰小棺也今謂之櫝說文曰棺櫝也別作櫘檅橞

槎鉏加鉏何二切說文曰衺斫也亦通作查楂魯語曰山不槎櫱漢書作茬櫱又側下切

栞苦寒切刊也禹貢隨山刊木孔氏曰槎

也史記作栞說文曰槎識也从木从𢑚闕栞篆文从幵

横

横戶旨切木衡也又去聲衡家樘距也記曰鍾殸横引之爲横笄後漢鮑昱修起横舍注曰横學也字又作黌按横舍乃於孔子廟之外衡剙爲屋㠯處學者後人乃別制字从學省黄殸乃俗書也

橢

橢他果切又徒果切圜長爲橢楚辭曰南北順橢其衍幾何一本作隋一本作墮陿長也淮南子

槬　榾　柮

曰闚面於槃水則圜於杯則楕又曰汲水者或以瓮瓴或以盆盂其方圜銳楕不同說文曰車笭中楕楕器也

槬戶乚切傳曰鍾大則槬槬則不入杜氏曰橫大不入也又作摦从手

榾古忽切顧野王曰枸榾木中管孫愐曰枸榾木也

柮說文曰斷也讀若貀孫氏女滑切按今以木塊爲榾柮

村　欄　栝　槱

村粗存切籬落也杜甫詩曰無村眺望賒又作邨𨚗

欄郎干切考工記曰㡛氏湅帛㠯欄為灰說文䜌木佀欄而無欄字類篇欗木名桂類按令㠯此為闌干之闌

栝他念切進火木也說文曰炊竈木徐鉉曰甛省聲又作㮇栖

槱㠯九切詩云薪之槱之周禮曰㠯槱燎

大日四五

吉

祀司中司命風師雨師从木从火酉聲說文曰積木燎之也又丂聲

樵 柴

樵眂焦切采薪也詩云樵彼桑薪傳曰請無扞采樵者說文曰㪚也別作蕉藮又見譙下

柴鉏皆切木薪也周官㠯實柴祀日月星辰記曰燔柴㠯祭天別作禬祡又去聲師行野次橵柴㠯藩也徐鉉曰別作寨又作砦磔又詩云助我

林　槮　椌　楬

舉柴毛氏曰積也陸氏子知切說文作𢸫

林芳吠切削木札也說文曰陳楚謂櫝爲林

槮所禁切積柴水中㠯聚魚而取之也說文曰木長皃孫氏所令切按槮非長也或曰櫹槮艸木盛皃按此當作蕭森

椌苦工苦江二切記曰鞉鼓椌楬鄭氏曰柷也

楬苦瞎切鄭氏曰敔也說文曰桀也引春秋傳楬而書之孫氏其謁切明堂位夏后氏楬豆鄭氏曰無異物之飾也

梱　柳　槼　橋　杌

梱古慕切說文曰梱斗可𧶠䑕

柳五丸切說文曰馬柱也

槼甾尤切詩云槼子內史記曰鳳皇翽𪆴皆在郊棷鄭氏曰聚艸也陸氏棸口切說文曰棸木薪也又仕𣛙

橋丑刀切說文曰斷木也

杌五忽切傳曰顓頊有不才子天下謂之橋杌爲凶人之号孟子曰晉之乘楚之橋

椲　　桂　橈

杌魯之昔秋爲史冊之名其義皆未詳孫愐曰杌檄無文也類篇曰刑餘木

椲功乎切周禮曰己牡椲午毋象齒而沈之故書椲爲梓杜子春云梓當爲椲椲讀爲枯枯榆木名書或爲𣓓

桂迂徃切木曲也

橈女敎切木弱中曲也又而遙切楚辭曰蓀橈兮蘭旌方言曰楫謂之橈

枯　槀　檻　枵　朽

枯苦孤切木乾也說文𣧩枯也枯枯槀也引書惟箘輅枯木名也

槀槁苦浩切木枯筶也別作槁

檻呼覧切木歊暴也周官彊檻用黄堅又作壏

枵虛驕切木虛中也傳曰玄枵虛中也枵耗名也

朽許久切木腐也說文𣦸腐也或从木木之疑

杏

𣏌何梗切果似楳而白説文徐本曰可省
𣪊唐本曰从口林
罕曰从𠰸省𣪊鄭敷仲曰可非𣪊从口木
實之可食者伯曰𣏌𣏌皆象形按杏从反
呆亦
未逵

六書故弟二十一

孫奎謹校

六書故

二十二卷之二十三

植物二之植物三

軸

[redacted]

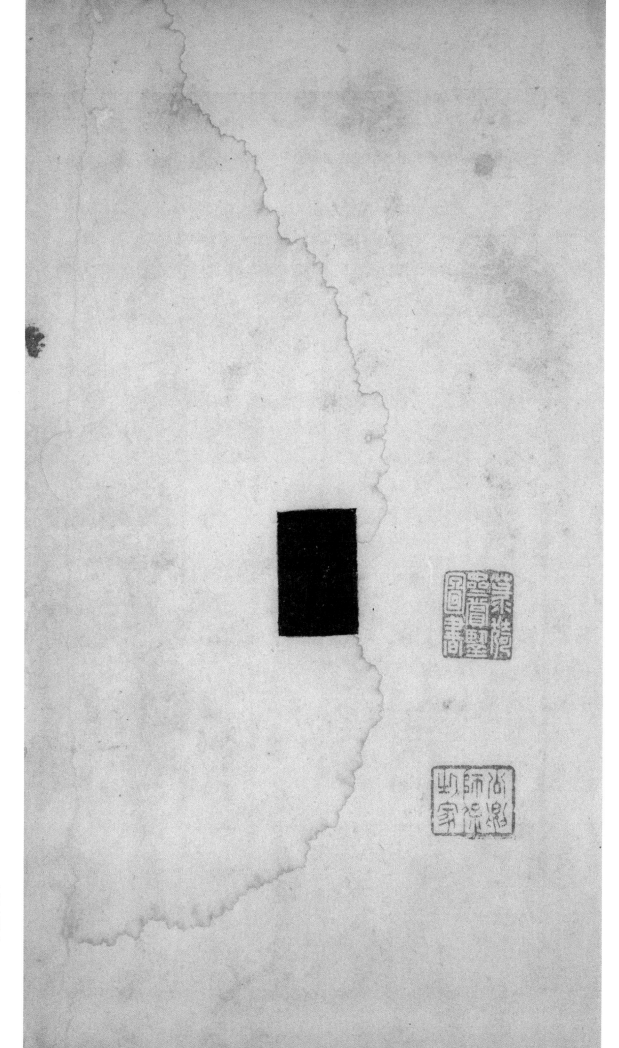

六書故弟二十二

永嘉戴侗

植物二

禾

[illegible]戶戈切黍稷稻粱自苗至實通謂之禾象形詩云禾麻尗麥又曰禾易長畝北方多陸土其穀多粱粟故粱粟專㠯禾稱南方多澤土其穀多稻故稻專㠯禾稱稾穗爲禾

厺豪爲穀厺稟爲米北方呂粱稟爲穀南方呂稻爲穀

禾之會意

秉

秉鄙永切禾盈握也詩云彼有遺秉聘禮禾四秉曰筥毛氏曰秉把也米十六斗曰籔十籔曰秉語曰與之粟五秉秉把同聲實一字古無把字所秉曰秉厺聲令作柄

兼　秝　稷

秉之指事

兼古恬切并二禾而兼秉之也

秝力的切說文曰稀疏適也

禾之龤㱿

稷子弋切土之穀也楚粟侶梁而庳穗椒如稻秫如粱而扁大稃外瑩滑米正黄又穀之長也南人謂之穄爾雅曰粢稷說文曰稷粢也粢稷也

穄穈也子傰切穈穄也侗謂穄稷同聲實一字說文葢本爾雅爾雅葢本禮記記曰稷曰明粢夫祭祀之米黍稷稻粱通謂粢盛而各爲之嘉号故稷曰明粢粱曰薌萁謂稷爲粢亦可謂粱爲萁号因奚夫爾雅之爲說也

黍

黍暑雨切黍苗佀蘆荻實圜累生高寒南人謂之荻穄米最黏北方高寒地少澤故多黍稷爲酒醴酏糝者多用黍南方土澤而气温故多稻爲酒醴酏糝者多用秫稻

黍

北人罕識稻故言稻稌者多不中物南人罕識黍稷故言黍稷者多不中物按黍㠯旾種說文謂大暑始種非也

黍之龤聲

香虛良切黍之芳臭也古㠯秬黍為鬯說文曰从甘徐鍇曰甘非穀稼香作甘从甘會意按香乞臭也甘味也非所从說文亦不應指甘為穀蓋从皀省譌為甘也別作薌

馨　馥　黏　黐　黎

香之龤聲

馨火形切香之清揚者

馥方六切香之芬郁也

黏昵占切黍膠著也別作粘

黐丑知切黏之甚者也苦木皮擣取膠液可己黏羽物者令人亦謂之黐別作䵒

黎郎奚切黍色黧也利省聲說文曰履黏也別作

稻　稌

黎古爲國名書云西伯戡黎別作𨛫說文曰殷矦國在上黨東北

稻辻訍切稌地魯切澤土所生芒種也亦有同類而陸種者謂之陸稻記曰煎醢加亏陸稻上令人謂之旱稑南方自六月至九月而穫北方地寒故詩曰十月穫稻稻稌一穀實一字稌宜下而黍宜高豐秊高

秬　秠　穈

下皆穀故詩曰豐年多黍多稌爾雅曰稌稻說文同

秬其呂切詩云誕降嘉種維秬維秠維穈維芑傳曰黑牡秬黍㠯亯司寒爾雅曰秬黑黍說文𪏰从鬯黑黍也

秠浦丕切爾雅曰秠一稃二米

穈謨昆切亦作虋爾雅虋赤苗鄭氏曰赤粱粟也疏曰詩作穈穈虋同音又作蘴樠鄭剛中曰岐山之陽種床九盛俗書穈穈爲床米類穇可麪可餅畚

稙稺種

人飽食麪非宷猶飢般家云出戰糗糧乾不可食饙宷半匊則津液生餘物皆下咽士卒用小橐盛寘馬上遇水潰之尤美又宷者自外而内又麥者自内而外葢宷已寒孰麥已暵孰故也

稙常職切詩云稙稺尗麥毛氏曰先種曰稙後種曰稺

稺直利切幼禾也說具稙下又作稚䆈

種之勇切穀子也穀㠯種別故引之爲種類種从埶種曰種去聲

種

種直容切詩云黍稷重穋周禮曰詔王后帥六宮之人而生種稑之種而獻之于王呂氏春秋曰種稑不爲稑重不爲重鄭司農曰先種後孰謂之種後種先孰謂之稑說文種埶也童聲孫氏之用切種先種後孰也重聲孫氏直容切按詩重稑偕用重字說文佀與詩合然重實與之用之音合童實與直容之音合周禮種稑之種與書傳所用種字皆同當从周禮爲正

稑

稑力竹切又作穋說具種下

秫　稉　秔　秈

𥞘常出切凡米之黏者爲秫亦謂之稬不黏爲秔亦謂之秈稬秫宜爲酒爲餈秔秈宜爲飯凡五種皆有秔秫舍昜之別也說文曰从禾术聲或單作朮按今己山薊爲朮

稬奴亂切說具秫下俗亦作穤糯說文曰沛國謂稻稬

秔居行切說具秫下俗亦作稉粳

秈相然切說具秫下別作稻

穬　稜　穀　穎

穬古猛切說文曰芒粟也五穀皆有穬又作䵃

稜閭承切稻亭散廉稜高起者也水種者曰水稜陸種者曰旱稜觚有廉稜故謂觚稜別作棱釦器皿之上廉者亦曰稜俗作錂

穀古速切黍稷稻粱之實曰穀嘉種之通名也故凡嘉善之成皆曰穀

穎余逞切說文曰禾末也書云異畝同穎孔氏曰穗也

穗　稃　𥢶　秳䅥

詩云實穎實栗毛氏曰垂穎也

穗徐醉切禾實成枝也說文采禾成秀也从爪禾人所㠯收或作穗蓫按說文褎从衣采聲則采之聲與褎相近

稃芳亐切說文曰𥢶也徐鍇曰卽米㪔也別作粄粰

𥢶苦會切說文曰穅也按稃與𥢶穀㪔也巳舂爲穅

秳戶括切說文曰舂粟不潰也䅥居乞切說文曰秳也

䅵　　秱　　秸

䅵之若切說文曰禾皮也呂氏春秋曰夏旹之麥薄䅵而赤色

秱徒東切呂氏春秋曰夏旹之禾長秱而穗大夏旹之麥長秱而頸黑按秱禾槀節間猶竹之筒夏旹則長透

秸古黠切禾槀也又作鞂稭說文曰稭禾槀去其皮祭天已爲席書云三百里内秸服孔氏曰槀也記曰莞

秆稾

簟之安而稾鞂之諰鄭氏曰穗去實曰鞂别作䕸

秆根旱切禾直莖也稾吳皓切說文稈禾莖也或作秆稾稈也徐鍇曰稈即秸之和皮者稾則又稈之粗亂者古之有罪者席稾今人謂書之艸創者爲稾

稭稭秆稾聲相通引之則矢幹亦謂之稾亦謂之秆皆一聲之轉非二物也周官稾人掌弓矢秆别作稈䕸蘇稾别作䔌藁𦼮語曰及寒

繫菒除田

槩　穖　秒　稼

槩良舌切說文曰黍穰也徐鍇謂此即秕莂之莂

穖居希切呂氏春秋曰旻沓之禾疏穖而穗大旻沓之稻長桐而疏穖說文曰禾穖也徐鍇曰莖也按穖禾莖節也

秒彌小切禾芒也班固傳曰造計秒忽說文曰夏至而禾有秒秋分而秒定十二秒爲一分

稼古訝切樹埶爲稼收穫爲嗇周官稻人

秧　移　穮

掌稼下地

秧，緱彊切，栽禾也。說文曰：禾若秧穰也。

移，弋支切，移秧也。凡種稻必先苗之而移之。說文曰：禾相倚移也。一曰移禾名。凡輿移之義取焉。別作迻，說文曰：遷徙也。

穮，彼消切。傳曰：是穮是蔉，必有豐季。說文曰：耕禾間也。

稠 穊 稀 穠 穆

稠直由切禾密也與綢通

穊几利切稠也

稀香衣切禾疏也古通作希

穠奴冬切禾茂盛繫穠也

穆莫卜切禾深茂幽遠穆穆然也詩云維天之命於穆不已穆穆文王皆此意也宗廟之禮昭居左向牖㠯其明也故謂之昭

穋処又向墉己其幽也故謂之穋

穟褎

穟徐醉切詩云禾役穟穟說文曰禾穟之皃

褎由救切禾盛皃詩云實種實褎又曰褎如充耳漢詔子大夫褎然爲舉首褏省聲毛氏曰褎盛服也充耳盛飾也鄭氏曰顏色褎然如見褰耳無聞知也聾聵者常多笑陸氏曰本亦作褏由救在秀二切鄭笑皃朱子曰褎多笑皃按諸說皆鑿而不通毛氏不過己爲盛服又佀又切與褏通

穰 稔 龝 秊

穰汝良切禾實豐也

稔而沈切穀孰也

龝七半切穀孰嘗也亦作秋㷊省聲書云若農服田力嗇乃亦有秋

秊泥賢切穀成孰也詩云自古有秊旾秋曰大有秊秊鐘鼎文人聲周官太史掌正歲秊㠯敘事歲㠯紀天步故曰一周爲歲

穫　秷　稛

季邑叙人事故三晋周爲季

穫胡郭切收乂也乂胡故切偕爲地名詩云整居焦穫毛氏曰周地鄭璞曰扶風池陽縣瓠中是也

秷丝帝切詩云此有不斂秷鄭康成曰手把曰秉四秉曰稆謂一秷也舅曰禾之已乂而未收擭者此說侣當

稛苦本切丝語曰諸侯之使稛載而歸說文曰絭束也

穌　稰　穛　積　秩

穌孫吁切說文曰把取禾若也徐鍇曰若卽竹若也穌部歛之也

稰陸氏息呂切穛陸氏側角切又作穱記曰飯黍稷稻粱白黍黃粱稰穛鄭氏曰孰穫曰稰生穫曰穛說文穛从米畢取穀也孫音同楚詞稻粱穱麥音亦同類篇穱稻下種麥也

積津亦切疊聚禾黍也所積爲積子賜切又作積說文曰積禾也引詩積之秩秩

秩直匹切積之次弟也引之則爵祿之秩

稱　程

敘與凡有次弟者皆曰秩

稱齒仍切舉禾程其輕重也引之爲稱舉傳曰禹稱善人又爲稱道記曰銘之義稱美而不稱惡又去聲輕重各當之謂稱易曰巽稱而隱今之禾麻皆㠯稱計俗謂權衡爲稱皆祖此義也俗作秤

程直征切多小輕重有程也說文曰品也

稯　秅　秭

稯子紅切稯籀文稯宅加切聘禮禾三秉曰筥十筥曰稯十稯曰秅秅三百秉也秅又作秺秺漢金日磾敊秺兵又丁故切

秭將几切詩云萬億及秭毛氏曰數萬至萬曰億數億至億曰秭說文曰布之八十縷爲稯五稯爲秭風俗通曰萬生億億生京京生秭秭生晐晐而上五纍而至載按經傳之言數者至秭而止不聞有言京者毛氏之說是也風俗通之說無取焉

租　税

租尊吾切田中禾稾也詩云予所畜租謂拾取田中餘稾也田賦因謂之租蓋内緫内銍内秸故謂之租也

税輸袂切田賦也引之則凡賦取者皆曰税儋爲税駕税服之税與說通用記曰小功不税鄭氏曰日月已過聞喪而追服曰税陸氏他外切亦未然又爲解税之税吐涗切與脫說通

穩　私　稍

穩烏本切說文新附曰蹂穀聚也一曰安也亦通作隱俗書

私息夷切古有公田有私田私民所私有也詩云雨我公田遂及我私說文曰禾也北道名禾主人曰私主人

稍史櫂切祿廩也古之仕者皆有稍食王畿六遂三百里外爲稍地大夫之所食也又作鄁說文曰大夫所食邑周官俗用削字又上聲稍

秣　稂　稗　稊

稍漸次之義也說文曰出物有漸也按此乃假借之義

秣莫葛切食馬稭也

稂盧當切詩云不稂不莠爾雅曰稂童粱又作蓈說文曰蓈禾粟之穗生而不成者謂之董蓈或从禾

稗旁賣切稗葉純似稻惟節間無毛實似萯害稼者也

稊田黎切孟子曰五穀不孰不如稊稗鄗璞

穢　秏

曰佀稗斧地生穢艸也又作蕛易枯楊生稊鄭氏作荑王弼曰稊楊之秀也按王說佀便會鄭作荑近是稊蓋荑之譌

穢污廢切又烏外切稂莠污穢也漢書曰莠盛苗穢引之則凡穢惡者皆謂之穢商書曰無起穢㠯自臭周書曰穢悳章聞說文薉从艸荀子皆作薉

秏虛号切禾收虛秏也今皆作耗未曉一曰稻名

呂氏春秋曰飯之美者南海之秏俗有秏文類篇曰虛稾也

禾之疑

秀

息就切禾吐穗也詩云三月秀葽又曰實發實秀實堅實好孔子曰苗而不秀者有矣夫秀而不實者有矣夫毛氏曰不榮而實曰秀徐鍇曰秀象禾實下垂按秀之不可謂實猶苗之不可謂秀詩云昔我徃矣黍稷

亏粤又穀皆有秀不榮之說非也禾文上句已象其實之下𠂹不應再乂象於禾根之下秀葢穗也禾黍之類皆先穗穗則有稃稃然後粤粤然後實故詩先言發秀而盭已堅好也說文㠯漢光武諱闕其義然擇穗曰禾成秀也葢㠯穗爲秀或曰禾弓爲秀从禾从弓會意引之爲俊秀秀桀齊語曰秀民之爲士記曰選士之秀者升之學曰俊士

秦

秦自人切伯益之後封於秦說文曰秦地宜禾从禾从舂省

米

米米莫禮切穀去稃為米

米之象形

㮚

㮚㮚相玉切禾實也象㮚穗說文曰㮚从卤卤艸木實垂卤卤然象形㮚亦从卤按㮚蓬㮚穗其形不同𠀤象偶相近如熒與奥非从火半與鹿非从屮也北方多㮚故言食者多曰㮚亝景公曰雖有㮚吾㝵而食諸轉交曰食㮚而已

米之會意

㯻　毇　糳

㯻舂米也說文曰舂糗也曰聲孫氏其九切

㯻之會意

毇許委切說文曰米一斛舂爲八斗也

毇之諧聲

糳則各切伐米也說文曰糲米一斛舂爲九斗也丵聲

經傳通用鑿傳曰粢食不鑿引之則

凡精白者皆曰糳詩云白石鑿鑿

籴　粜　粱　粒　粗

籴达力切亦作糴翟聲粜他弔切亦作糶

从糴省入米為籴出米為粜

米之龤聲

粱呂張切粱之美者粱有青白黄而黄粱

最美

粒力入切別作𩚁

粗倉胡切又祖故切疏也與麤通俗作麁

糙 糲 粺 毇

糙七到切疏糲也俗書

糲粱察力制二切米始舂去糠也別作䊪

粺蒲卦切米稍疏也詩云彼疏斯粺

毇倉贊切米精白也別作[illegible]說文曰粟重一石為一斛六斗有斗之太半舂為一斛曰糲糲一斛舂為九斗曰糳稻重一石為二斛舂為十斗曰毇為米六斗有斗之太半曰毇又曰糲一斛舂為八、斗為毇粺毇也毛萇曰粺精也康成曰米之率糲十粺九糳八、侍御七按說文謂稻十斗為毇又謂糲一斛舂八、斗為

精

毇自相抵牾詩言彼疏斯粺而毛公已粺爲精粕未詳文義也大抵糲與粺爲疏粲與鑿爲精引之則凡潔白者皆謂之粲言女色者曰粲詩云見此粲者語曰女三爲粲別作嫛敀玉之潔白曰粲別作璨齒之整潔曰粲笑見齒者因謂之粲粲而有光曰粲爛詩云角枕粲兮三英粲兮於粲洒埽別作燦⿰粲彡澯⿱髟粲

精子盈切鑿之精潔絕米衣也目中翳粃

亦謂之精今作睛

粹雖遂切擇之純也精者每粒之糱粹者眾粒之純精與粗數粹與襍數

粢

粢津夷切共祭祀之米也亦作盗見皿部禮夫人親舂己共粢盛傳曰粢盛己告曰絜粢豐盛記曰稷曰明粢說文作𥹟粢

糧

糧呂張切行所齎米也

粻　糈　氣　釋

粻陟良切詩云以峙其粻記曰五十異粻陸氏曰糧也說文新附曰食米也

糈疏與切楚辭曰懷椒糈而要之朱子曰精米也

氣許既切以米饋也別作槩餼

釋施隻切潰米也詩云或簸或蹂釋之叜叜毛氏曰淅米也解釋開釋之義取焉又詩夜切

俗爲釋置釋舍之用同又作釋从采采米之譌也

糝　糜　糗

糝息感切肉糜也周官箋豆之實酏食糝食記曰糝取牛羊豕之肉三如一小切之稻米倍合已為餌煎之又投粒於鬻亦謂之糝莊周曰藜鬻不糝亦作糂糣說文曰已米和鬻也

糜靡爲切粥之潰孰者也糜爛之義取焉別作𪎆饜粊麓䊳饜說文糜糝也粊潰米也交止有粊泠縣

糗去九切熬穀麥類也周禮曰羞籩之實

糒　糔　⿰米風　粉　糉

糗餌粉餈

糒平祕切乾飯也

糔息久切又相流切記曰爲稻粉糔溲之以爲酏也鄭氏曰讀若滫義闕

⿰米風蒲昧切研米以糝鬻也又蒲漫切別作⿰米孛⿰麥孛

粉方吻切擣米爲塵屑也

糉作弄切角黍也說文新附曰蘆葉裹米也亦作粽

䊦 糕 粔 籹 糤

䊦一結切粉餌也亦作饐

糕居牢切屑米麥炊之爲糕周官所謂粉也亦作餻

粔其呂切籹人渚切楚辭曰粔籹蜜餌說文新附曰膏環也一曰寒具也已蜜和米麵煎之已油粔別作麮

糤穌旱切說文曰熬稻粻餭也又作饊

糱　⿰米囟　康　粃　粕

糱魚列切，牙穀爲糱也。別作䴬

⿰米囟先坐切，米碎也。別作⿰米恖

康苦剛切，穀散也。借爲康寍之康。借義之用慷別乍糠穅非

粃匹履、補履二切，穀之不成粒者也。書曰：若苗之有莠，若粟之有粃。亦作秕

粕匹各切，米滓也。古單作魄。莊周曰：古人

粎 粈 糊 來

之糟魄

粎疏吏切粉滓也麻子之滓亦曰粎别作䋕

粈女救切又人九切米飯和襍也亦作糅

糊紅沽切㠯米麥粉爲糊㠯黏也說文作黏从黍

又作粘䴴

來力該力爻二切又里亟切來牟麥通名也

說文曰來牟一來二縫象其芒朿徐鍇曰今小麥也通作麰漢書曰飴

麥

我𤯍牟別作秾說文曰亝謂麥秾別又作麳借爲往來之來別作徠倈逨又厺聲綏來爲來孟子曰勞之來之別作勑說文曰勞也

來之疑

麥莫獲切集韻又紀力切麥有小有大說文曰麥金也金王而生火王而死从來有穗者从夊侗疑爲夕聲夕譌爲夊也伯曰禾生於酉成於秋麥生於秋成於酉稻晝吐華而夜合麥夜吐華而晝合北寒宜麥南温宜稻陰昜之

麵　麩　麴　麷

義也

麥之龤聲

麵眠見切小麥粉也亦作麪又作糆䊅

麩甫無切麵餘散也李曰麥稃也又作䴸麱

麴韋六切罯麥為麴㠯為酒醴也亦作

𥳓說文𥳓从米𥳓省聲又作曑麯

麷芳戎切周官朝事之籩其實麷蕡鄭司

農曰麩麥也說文曰䵄麥也讀若馮

䴸　麨　麧　尗

䴸圭玄切麥稾也別作稍說文曰麥莖也

麨齒紹切䊺麥爲糗也

麧限竭胡骨二切說文曰堅麥也又作籺籺季曰古單作覈漢書曰亦食糠覈自孟康曰麥糠中不破者也晉灼曰京師謂粗屑爲覈頭

尗式六切豆也象豆莢別作菽尗尗寅匝文

尗之諧聲

枝　𣐈　瓜　㼌　瓠

枝是義切麴豆也亦作豉

𣐈烏丸切蠶豆也孰當蠶旹亦作豌

瓜古華古胡二切象瓜及其蔓瓜之類不一

瓜之會意

㼌說文本不勝末微弱也孫氏以主切按㼌瓜實繫也故引之有本不勝末之義

瓜之龤聲

瓠胡誤切今俗謂之蒲瓜

匏　瓞

瓠之諧聲

匏蒲交切老瓠去瓤可爲器也从瓠省

瓞大節切詩云緜緜瓜瓞瓜瓞唪唪毛氏曰瓜紹也瓞瓝也爾雅瓞瓝其紹瓞釋曰瓜有二種大曰瓜小曰瓞瓜蔓近本其瓜必小故謂之瓞瓞瓝之別名也鄭氏曰瓜之本實紹先歲之瓜必小狀佀瓝故謂之瓞說文曰瓞瓝也或作𤬫按毛氏㠯瓜爲紹而說者皆㠯瓞爲紹且瓜無宿根安㝵有紹先歲之理皆本爾雅而不通曲爲之說也生民詩言瓜瓞與荏尗麻麥竝言㠯荏尗

麻麥側之當爲二物瓞必瓜類未知的爲何尒

瓟瓢瓤瓣韭

瓟彌角切小瓜也亦作瓝𤬳說見瓞下

瓢毗宵切匏之小者爲㱃器也別作瓢

瓤如昜切瓜中犀也通作穰

瓣皮莧切瓜中片分也說文曰瓜中實

韭舉有切葷菜也

韭之諧聲

韰　韲　韱

韰韰下介切葷菜也佀韭而葉大别作薤

韲祖雞切擣葷辛合爲韲也又作䪡韲古借用

亝說見亝下

韱息廉切說文曰山韭也揚雄太玄曰溓然能自韱注曰少也釋文曰吉

纖字又菜佀韭也

孫夆謹校

六書故弟二十二

竹　个

六書故弟二十三

永嘉戴　侗

植物三

𥫗陟六切。象形。兩竝象其冬生也。與艸同。

竹之指事

个古賀切。竹一竿也。亦作箇。說文唐本曰箇竹枚也。今或作个。竿竹也。徐氏闕个字，曰个不見義，無从下筆。明堂𠂇又个者，明堂旁室也。當作介鼂

箇

說㞢曰大射儀搢三挾一个者矣也亦可易爲介兮魯次公曰竹生非一故兼个猶艸兼中林兼木秝兼禾也說㞢據籒文亦有个字

個爲室㞢𠂇又个記曰天子居明堂𠂇个又个鄭氏曰堂㞢偏也又射侯有上个𠂇个又个鄉射禮曰東方謂㞢又个鄭氏曰上个謂最上幅也亦古案切

竹㞢龤聲

箘渠允切類篇曰區倫切又巨損切又作箸箟

篦

簬

筱

篦古渾切簬勤故切禹貢荆州之貢惟箘簬楛楚辭曰箟簬雜於鏖蔽兮機蓬矢以䠶革又曰箟蔽象棊有六簙戰國策曰發公宮之垣荻蒿苫楚試以爲矢箘簬之勁不能過也孔氏曰箘簬美竹闞氏曰小曰箘大曰簬按箘簬楛皆矢才也故類篇合箘與篦爲一簬亦作簵

筱篠息了切小竹也簜徒朗切禹貢震澤

簜

厎定篠簜旣敷孔安國曰篠竹箭簜大竹孫炎曰竹節闊者爲簜說文曰篠小竹箭屬簜大竹大弢儀簜在建鼓之閒鄭氏曰謂筀𣶒之屬按小竹爲篠筀𣶒雖非大竹亦竹之脩節者孫炎之說近之簜別作簜

筀

筀圭惠切竹名蔆笴而美筍其種不一有早筀晚筀紫筀班筀

篔 簹

篔雨分切簹都郎切篔簹竹名王彪之閩中賦篔簹函人言竹之大

筤　笪　篁　篳

筤盧當切說卦曰震爲蒼筤竹別本作琅說文筤籃也孫氏魯黨切

笪多旱切竹之叢生而大者竹笪虛中木笪實中其筍亦美

篁乎光切說文曰竹田也淮南王書曰谿谷篁竹之中張衡賦篠簜叓衍編町成篁竹林也

篳卑聿切傳曰若敖蚡冒篳路籃縷吕啓

篣　筍

山林杜氏曰柴車也又曰篳門圭竇之人杜氏曰柴門也鄭康成曰荆竹織門也說文曰藩落也按篳竹也織爲車爲門也或曰篳織竹也故有籬落之說

篣子賤切小竹疏節而直者可爲矢故矢亦謂之篣

筍舒閏切竹萌也周書曰敷重筍席蓋析子竹己爲席也馬氏曰箬篛也徐氏曰竹子爲席別作笋箏因

之爲筍虡之筍取其摶直而銳入也考工記曰小首而長摶身而鴻若是者謂之鱗屬㠯爲筍亦作箰別作栒槆楆

箈

箈徒哀切亦作⿱竹怠爾雅曰箈箭萌也周官箈菹鴈醢康成曰箈箭萌筍竹萌

竿

竿古寒切竹幹也別作桿又上聲別作簳

笴

笴公可切又古老公但二切箭幹也鄭玄

篙 節

禮曰物長如笴庚戌曰笴長三尺與跬相灋考工記曰妢胡之笴按笴幹个篙稾笴一轂之轉木曰榦竹曰竿曰笴曰个曰篙禾曰秆曰稾其義略同

篙古牢切竿也

節卽血切竹約也引之爲節度節奏節約又與卪通用又爲梲節之節柱上斗如竹

之有節也又夕血切詩云節彼南山假偺也令作巀

筠　笨　笢

筠王春切記曰如松柏之有心也如竹箭之有筠也毌亖旹而不改柯易枼說文新附曰竹皮也類篇曰竹育皮也按竹無心其彊忍在筠筋之从竹亦此義也

笨布忖切說文曰竹裏也

笢迷牝切說文曰竹膚也

箬 箁 籜 筎 籊

箬如灼切小竹而大葉可㠯包裹可㠯爲蓬草別作篛

箁薄侯薄口蓬逋三切說文曰箬也類篇曰竹葉也別作蒲

籜杜果切季曰筍皮也亦謂之蘀筍成竹則解籜小竹籜不脫者謂之含籜

筎人余切刮取竹青也

籊他歷切詩云籊籊竹竿毛氏曰長而殺

也

篠

篠千木切小竹叢密篠篠也故蠶薄亦謂之篠

篾

篾瞑結切劈竹爲篾㠯織㠯縷也書云尃重篾席亦作篾

筩

筩徒紅切斷竹也又上聲亦作筒又去聲說文曰筒通簫也孫氏徒弄切徐鍇曰通洞無底也筩斷竹也瓦如筒者

謂之筩瓦别作𤭢㼧𤮐

管

管工短切竹角也又作管别作琯凡吕管為之者皆曰管䇺笙龠㷼簫篴皆管也商頌曰鞉鼓淵淵嘒嘒管聲周頌曰磬筦将将周禮曰下管播樂器此衆管之通稱也笙師掌教龡䇺笙塤龠㷼簫篴管管又為竹聲之一也說文曰管如篪六孔别作琯古者吕玉為之秉成曰管如篴而

筟　策

小併兩而吹之又管鍵之管㠯金爲之其牝象管所㠯轄門關也故因之爲管攝管轄之義焉又絡緯者亦㠯管亦謂之筳與筟說文曰筦筟也筟筳也筳維絲管也又假論語曰夫子筦爾而笑何晏曰華版切小笑皃

筟方無切說具管下

策楚革切削竹也筴者筭者用策書記者

用策簡策是也馭者亦用策鞭策是也因書算而爲籌策策画因鞭策而爲督策别作筴夾非聲

簡

簡古限切編策爲簡㠯書也僃爲易簡之簡不煩之謂也爲簡孚之簡審當之謂也又爲簡擇之簡與柬通别作簡說文曰簡存也

籌

籌陳收切削竹㠯算也洪範九疇亦單作

籍　篇　簿　箋

𥳑

籍秦昔切記載之編也

篇渂連切簡策之秩也古者編冊以書其文字多者異爲之篇上篇下篇內篇外篇之類是也一說篇扁也每篇必表揭之也

簿畔母切籍也

箋嵗先切說文曰表識書也又從㦰按今

上書者皆稱表牋推其義蓋上書言事者皆條別表識之也鄭康成藝論云注詩宗毛爲主毛義隱略則更表明如有不同則下己意故可識別故其注謂之箋

籤

籤七籤切削竹吕籤表也江乡有典籤之官吕掌書記又作簽說文曰驗也一曰銳也一曰貫也又箭毋廉切說文曰撥馬也大槩籤必削竹使薄而銳故有銳與貫之義今人吕署幖狀爲簽蓋沿襲之稱簽薄之簽別作釗非

篆柱兖切吕竹篾繞約也周禮曰孤乘夏篆鄉乘夏縵考工記曰陳篆必正鄭司農曰轂約也康成曰五采畫轂約也又曰鍾帶謂之篆書體之宛繆者因謂之篆說文曰引書也

籒直右切說文曰讀書也按說文稱周宣王太史籒著大篆十五篇與古文或異至秦李斯作蒼頡篇趙高作爰歷篇太史令胡毋敬作博學篇皆取史籒大篆或頗省改所謂小篆也按說文所著籒文或画多繁古文固有先自繁而趨省者

笩　笏

至如衵作𧞧糸作纕禋作𤔔禡作鬷徂作
遉述作遹速作遬迧作遖侖作龠笞作箮
枲作纅頌作䪦徃徃贅益於成文之
外竄意爲後來者之便會增多也

笩防夫切契竹剖之各持其一合之㠯爲
信節也周官掌節門關用笩節

笏呼骨切公士大夫所搢㠯記數命也記
曰天子㠯球玉諸侯㠯象大夫㠯魚須文
竹士竹本象可也笏度二尺有六寸其中

筓　篦　笸　箴

博三寸其殺六寸而厺一凡有指画於君
歬用笏造受命於君歬則書於笏說文新附曰籀文作𡆧象形笏字後人所加

筓古兮切先也

篦邊兮切削竹㠯導也

笸居之切厺頭垢及蟣蝨比也

箴諸深切箴猶鍼也記曰衣裳綻削紉箴

箸　籩　簞

請補綴又側沈切箴諫也傳曰命百官官箴王闕商書曰毋或敢伏小人之攸箴或曰箴卽鍼也箴規猶鍼砭也

箸直遇切粥挾也說文曰飯攲也攲持厺也俗作筯櫡

籩卑眠切竹豆也籩豆盛果脯糗餌凡乾物豆盛菹醢凡溼物𠥓籀文

簞多寒切盛器也語曰一簞食士冠禮櫛

實亏簞漢律令簞小匡也

筥

筥己呂切盛器也周官𥂧氣米百有二十筥聘禮曰三秉曰筥筥半斛詩云采尗采尗匡之筥之又曰亏㠯盛之維匡及筥

筲

𥳓所交切語曰斗筲之人何足算也說文曰𥳓飯筥也受五升秦謂筥曰𥳓孫氏山樞切𥳓陳畱謂飯帚一曰飯器容五升一曰宋魏謂箸筩為𥳓孫氏所交切

笲　篹　籔

笲附袁切士昏禮婦執笲棗㮚鄭氏曰竹器而衣者

篹祖管切記曰食粥於盛不盥食於篹者盥康成曰竹筥也又曰薦用玉豆雕篹鄭氏曰籩屬或作簨陸氏本又作匴亦息緩切說文籫竹器也讀若纂一曰叢

籔𥳑口色縷二切聘禮門外米三十車車秉有五籔鄭氏曰令文籔或為逾十斗曰斛十六斗曰籔伯氏曰按韋昭注國語引聘禮十六斗為庾然則籔即庾鄭氏謂令文作

逾庾本倉庾之庾逾與庾皆假借也當作籔說文曰炊箅也箅漉米籔也於六切

簝　箅　笥

簝洛早切受盛器也周官牛人共牛牲之互與其盆簝盆受血簝受肉鄭司農曰受肉器也按俗有⿱竹考⿱竹老栲栳文

箅必至切蔽甑底器也亦作箄

笥息吏切盛衣器也匧笥所以臧衣服幣帛匡匪所以弄而⿰爿叟之鄭氏曰圜曰簞方曰笥

笈 簏 籠

笈測洽極業二切匧類也

簏盧木切說文曰竹高匧也別作簶今人作盝

籠來充切織竹器也或㠯盛土石或㠯畜

負鳥大槩籠之爲器空疏故因之爲霝籠

籠菌籠鬆日月之初出童籠然別作瓏曨朧櫳又

上聲今人不言匧笥而言箱籠淺者爲箱

深者爲籠也

箱

箱脩翔切盛器之大者也詩云睆彼牽牛不以服箱毛氏曰服牝服也箱大車之箱也鄭氏曰不可用於牝服之箱說文曰箱大車牝服也　又曰乃求千斯倉乃求萬斯箱鄭氏曰萬車以載之孔氏曰兩較內謂之箱謂車內容物之處爲箱按毛鄭皆以服與箱爲二物說文徑以箱爲牝服似誤仞毛說詳詩人辭意服如服牛服鹽車之服謂暈雖有牽牛而不可用之以服車箱也箱从竹乃大車盛輜重之器也故因以爲箱匧之類　又屋亦有箱公食大夫禮曰公揖

大九十六

籯　笯

遻亏箱覲禮曰几俟亏東箱康成曰東夾之歬漢書曰呂后側耳於東箱聽顏師古曰正寢之東西室皆曰箱言似箱匧形侗謂顏氏葢習聞後來箱匧之說本其㫘名乃取於車箱也後世別制廂字令史記亦改作廂惟漢書古字多存猶可考耳

籯怡成切說文曰答也漢書曰遺子黃金滿籯如淳曰竹器受三四斗

笯農姑切籠也楚辭曰鳳皇在笯

籃　篰　籮　篝

籃籠三切。疏籠也。

篰薄苦切。籃類。說文曰：滿爰也。愽推篰爰篰也。徐鍇曰：按字書滿爰簡牘也。侗謂未然。

籮洛戈切。籮之爲言羅也。織之密㠯盛穀米筥籔類也。按今浙又謂之𥮘。方言曰：囟魏宋楚之閒謂之籮。

篝古矦切。籠火具也。史記曰：陳勝夜篝火狐鳴。漢書偕用構字。又熏衣籠也。說文曰：篝，笿也。可熏衣。笿，杯笿。

大百六六

也盧各切

篘

篘初尤切漉酒器也別作⿰酉取⿱竹酋籔

笱

笱古厚切捕魚籠也詩云敝笱在梁梔於魚梁之下

筌

筌七全切莊周曰筌者所㠯在魚㝵魚忘筌

簁

簁所宜所皆二切竹器所㠯治⿰米去物別粗

笭　篗　筵

細又作篩籭簛 又所倚切說文曰簁箄竹器也籭可㠯取粗去細

笭連丁切說文曰車笭也一曰笭籯愽雅曰笭篁竹席也又曰車中筵盝氏曰舟中篣曰笭箵笭箵亦作笭箐

篗王縛切說文曰收絲者也亦作籰又作⿰角國⿰角閒

筳特丁切說文曰維絲筦也楚辭曰索瓊茅㠯筳篿朱子曰筳小折竹也楚人結艸折竹㠯卜曰篿莊周曰舉筳與楹厲與西施言大小好醜之殊也

篿 簆 篙 笠 簦

按筳斷竹之小者漢書曰㠯筳撞鍾

篿朱遄切說具筳下又沽官切說文曰圜竹器也

簆丘候切織所㠯毌經而屬卻之者也

篙方六切類篇曰織具也織所㠯張其幅也俗又名杼

笠力入切戴㠯禦雨者

簦丁增切吳語曰簦笠相望人人艸唐尚書曰夫須也韋昭曰僃雨具也史記躡蹻儋簦徐廣曰笠有柄謂之簦按簦㠯

僭言有柄是也

篓　篗　筵

篓七接切甘類

篗婢篇切說文曰竹輿也漢書曰篗輿肩

筵㠯然切竹席㠯藉席者其度長於席周官司几筵王位斧依莞筵加繅席次席諸侯祭祀席蒲筵加莞席公食大夫禮蒲筵常加萑席尋考工記曰周人明堂度九尺

之篴

簟簾箔簀

簟徒念切篴之精者也

簾離鹽切織竹爲之㠯障也

箔步各切簾屬古單作薄

簀阻戹切編竹㠯藉也凡牀先用簀乃加薦席又作笮說文曰迫也在瓦下棼上按椽上必設笮然後安瓦令人謂之棧猷酒者亦用笮又讀側嫁切與榨通本作浦見水部

笰　笵　⿱竹甹　⿱竹巤　籧　篨

笰阻史切簀也簀笰㠰同聲

笵竿昭切爾雅曰屋上薄謂之笵釋曰令之屋笓也

⿱竹甹蒲丁切類篇曰舟車蓬也粗箔也⿱竹甹片聲義相

邇

⿱竹巤力涉切織竹爲⿱竹甹也

籧彊魚切篨直魚切織竹如席規以爲囷或以貯穀稟或以取魚擁腫不能俯者似

之故因吕名其疾詩云籧篨不殄晉語曰籧篨不可使俛

篅

篅市緣切說文曰吕判竹圜吕盛穀淮南子曰安其篅笣笣沽本切佺囷爲正見囗部

篽

篽疑巨切藩籬之類也說文曰禁苑也引春秋傳曰澤之自篽或作𩦃漢宣帝詔池篽未御幸者假與貧民蘇林曰折竹吕繩緜連禁篽使人不㝵往來律名爲篽

籭

籭鄰⿱人乂切織竹爲藩也別作籬今人織竹如勺以漉米謂之爪籭俗有笊籬字

箘

箘諸盎切竹索也又作⿱竹納節

筰

筰自莫切竹索也說文曰筊也筊竹索也漢西南有

筰夷杜詩架竹爲長橋連笮動裊娜卽筰也

筅

筅蘇典切析竹爲帚以洗也

筧

筧吉典切續竹通水也古單作建建瓴亦作

笙　竽　簧

規

笙色行切鄭司農曰笙十三簧爾雅注曰大笙才九簧小笙十三簧自笙至箏皆樂器也

竽員負切鄭司農曰竽三十六簧

簧胡荒切說文曰笙中簧也按說者謂簧竹管裹薄莩也笙竽皆植管於匏㠯金爲薄枼障其管厎歙者㠯气鼓之上下翕張㠯出聲㠯其象簧故謂之簧然鹿鳴之詩曰吹笙鼓簧又曰鼓瑟吹笙又曰並坐鼓簧㠯辭逆之則簧與瑟皆鼓而

篪　篴

不吹自爲竹聲之一非筆中物也況君子陽陽之詩曰𠂇執簧簧吕執言非管中簧桒明矣

箎直奇切鄭司農曰箎七空郭景純曰箎吕竹長尺有三寸曰三寸一空上出徑三分横歛之小者尺二寸鄭司農云七空葢不數其上出者也月令作箎别作箎

篴田溺切横管也又作笛杜子春曰篴讀如滌今甞所歛五空竹笛也說文曰七孔筩也羌笛三孔馬融曰笛本曰孔京房加一孔爲商聲

大九十三

周

籟　箹　筑　笳

卝三百三七

籟郎蔡切說文曰三孔籥也大者謂之笙中謂之籟小謂之箹莊周曰人籟比竹是已

箹乙卻切說具籟下一曰竹節

筑張六切說文曰已竹爲五絃之樂也从竹从巩巩持之也按巩乃聲史記高漸離善擊筑司馬貞曰筑佀琴有絃㠯竹擊之

笳古牙古乎二切胡歙也又作箛說文曰箛吹鞭也顧氏曰笳胡人卷葭葉吹之按笳箛一物今人亦謂之角

或龡鞎或卷木皮蘆葉而龡之笳箛角一聲之轉凡吹笳者皆爲角聲且㠯其卷皮葉如角故謂之角

箏

箏側弘切絃竹而鼓之也

範

範防氾切規竹爲模也通作范記曰范金合土易曰範囗天地之匕亦作笵說文曰笵法也从竹竹簡書也古法有竹刑

箠　笞　箚　箾

箠之累切鞭類也通作捶

笞丑之切箠也

箚竹洽切削竹刺入也按剳已見刀部今俗通用此

箾色捉切又作箾說文曰以竿擊人也春秋左氏傳季札聘魯見舞象箾南籥者陸氏音朔又曰見舞韶箾者陸氏音簫按箾一字而陸氏二音蓋疑舜有簫韶而武不以籥故異其讀亦意之以闕疑可也

簉　等　簭

簉初又切春秋泉丘人之女奔孟僖子僖子使助薳氏之簉杜元凱曰副倅也侗謂簉旣爲副亦不應又言助其義葢闕

竹之疑

等多肎切高下之差次也車有六等𠭊有又等說文曰亝簡也从寺寺官曹之等平也

簭旹制切記曰龜爲卜策爲筮說文曰易卦用蓍从

篹　筭　笑

竹从弄弄古文巫亦作筮篹

篹孫氏穌管切㠯策爲之从衡备算㠯計多寡之數也說文曰數也从竹从具讀若筭

筭穌貫切說文曰長六寸計歷數者从竹从弄言常弄乃不誤也又作笇史記曰笇軍㑹說文蜀本曰筭古文祘祘祘古文

笑私妙切㣊爲笑樂之笑孫愐曰說文从竹从犬嘉也令說文無此字李陽冰曰竹㒵風夭猗如人之笑按陽冰之說鑿而不通笑當自有本

義而今亾之䶥笑之笑特假借叵漢書談笑大噱師古曰关古笑字又作咲从犬亦無義

六書故弟二十三

孫奎謹校

六書故

二十四卷

植物四

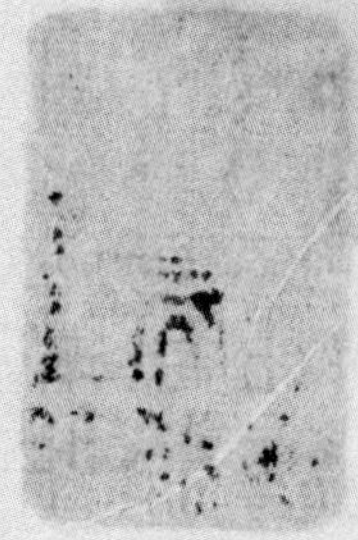

六書故弟二十三

永嘉戴　侗

植物三

艸

艸艸倉老切艸之類蘩而多皀其根柢不足道也故象其丵生而不及其根俗作草說文曰草斗櫟實也从艸早聲按櫟實不當从艸已具皁下因之爲艸創艸昧艸艸之義

芻　屮　屯

艸之象形

芻楚隅切食牛馬艸也象包束艸形別作犓

艸之指事

屮丑列切艸木之初生也微故从艸之半漢書徑㠯爲艸字

屮之象形

屯陟倫切難也象艸木初出地屯屈未

朩　麻

申也俗爲屯束屯聚之屯辻渾切（別作芚）

朩𣏟匹蓮切麻枲朩物也象屮皮可披剝（說文曰朩分枲莖皮也八象枲皮讀若髕朩屮木盛朩朩然八聲讀若輩侗謂不當分爲二字）

朩之會意

麻莫遐切从𣏟广言人所治也

麻之⿸麻旨聲

檾　㪔

檾犬穎切枲屬佀苧而蓃彎黄子如蜀葵而罬高者六七尺北人種㠯績布及索繩通作顈又作䔛絅苘記曰三秊之喪既顈康成曰無葛之鄉厺麻則用顈

㪔穌旰切分離之也自㪔爲㪔上聲俗作散

索

索穌各切。乃枲己為繩索也。偕為索盡之索。書曰：「牝雞之晨，惟家之索。」因是為蕭索之索。俗又有摸索之語，謂己手循索，如捼繩索狀也。別作⿰扌索。又索索為震驚之狀。易曰：「震索索。」又穌格切，搜索也。別作𡩡。說文曰：「入家搜也。」又盡也。朩之龤聲。

枲

枲辛子切牡麻也麻之牡者不實喪服傳曰牡麻者枲麻也蜀本說文辝省聲𣝗籀文按枲台聲又倉耳亦名枲耳枲有毛實有刺不可食惟枲可作麴俗謂之道人頭亦謂之芹絲

𣎳之疑

𣎵

𣎵即里切說文曰止也从𣎳盛而一横止之也

𣡌　南　每

𣡌亏賓切易曰拔茅茹已其𣡌說文曰艸木𣡌孛之皃顧野王曰艸木三舒𣡌孛之皃畀聲令俗作彙葢傳寫之譌又作彙疑从木𢑱省聲

南那含切說文曰艸木至南方有枝任也羊聲𡴂古文按令用爲南北之南

屮之龤聲

每梅瑰切又上聲艸青蒼也傳曰原田

佐五十三

毐毐又作莓今人㠯爲莓苔之莓莓苔猶蒼苔也僭爲毐人

毐事之毐

圥　㞷　毒

圥臯匊切說文曰菌圥地蕈也叢生田中𡕩籒文

㞷戶兖切艸狂生也从屮王聲說文曰从之在土上讀若皇

毒亭沃切艸惡中人也說文曰䓯古文蜂蠆之

丁亦曰毒又亭旻切說文曰關中謂虵蠆毒曰蛓蓋不知

其犆爲毒音之轉也甌人呼毒亦與玳同音又辻代切僭爲毒冒之毒毒冒佀龜生南海其甲班鐕爲器物之珍飾別作蝳蝐又作瑇瑁𪓒𪓟

卉

卉許貴切又上聲屮木衆生也詩云卉木萋萋又曰百卉具腓爾雅曰卉屮

卉之諧聲

賁

賁彼義切卉木夸炳也書云賁若屮木

引之爲賁飾易曰賁者飾也又扶云切與墳通詩云賁鼓維鏞毛氏曰大也又補魂切古有虎賁言其勇趫與奔通又扶粉切記曰奮末廣賁之音作而民剛毅又方問切與僨通記曰賁軍之將

茻

茻模晃切又莫古切艸深冡也易曰伏戎于茻又作莽艸深藏犬也

叒　苗　蓏　茐

叒而灼切說文曰初出東方湯谷所登榑防無切桑叒木也象形𦱤籀文

𦱤擇菜也从右右手也按楚辭曰折若木以拂日扶桑若木之說雖無所稽其來舊矣叒象木而三其枝葢所謂若木者說文譌而為三又也古鐘鼎文皆作叒無从又者若之義从口叒聲籀文乃若之譌也从艸从右則又自籀而譌也

苗眉鑣切禾稺曰苗艸在田中苗之義也

蓏郎果切木實曰果艸實曰蓏別作僄

茐倉公切葷艸也其莖葉空中故謂之茐

俗作蔥葱之色青故引之爲青葱葱蒨別作繱說文曰帛青色

蔓

蔓武曼切艸曼生也又莫干切蔓菁菜名

茁

茁側劣切艸初出也

芽

芽五加切艸初茁如牙也漢書詩始萌牙單作牙

艽

艽古肴切艸根相丩結也秦艽藥名吕其

斮　茇　菜　蔌

棖乃結故謂之芀俗誤作艽又譌爲芃非

斮之削切斷艸也自斮爲斮食削切斮籒文斮篆文从手見手部

茇所銜切又艸也別作薪

艸之龤聲

菜倉代切場圃所蓺人所茹也

蔌孫卜切澤野之物可茹者詩云其蔌維

大合五六

何維筍及蒲今俗謂蔬蔬蔌一聲也又曰蔌蔌方有
觳蔌蔌輕小而積之皃

菘　芥　葵

菘息躬切菜也其莖葉中白因謂白菜
菘雩黃來服雩紫故來服亦名紫雩菘
芥苟黽切菜也葉微侶菘而毛味辛曰
其子粒細味尤辛子可厭油者謂之油芥
葵揆惟切菜之滑者爾雅莃兔葵芹楚葵菺戎葵兵葵蘩

荍　菁

露按本艸食葵莖紫或白夏𠌶而實實而葵又之夏生其次戎葵又名蜀葵𠌶佀菫有五色𠌶細者名錦葵其次兔葵大莖小枼紫黃色吳人謂之繁露又名落葵又名胡葵脂兔葵佀葵而枼小狀若藜有毛汋啖之甚滑又有黃葵七月𠌶俗名側金盞

荍渠遙切詩云視爾如荍爾雅曰荍蚍衃毛氏曰芘芣也陸氏曰佀蕪菁𠌶紫綠色可食微苦郭氏曰今荊葵也佀葵紫色

菁子丁切蔓菁兵菜也書曰包匭菁茅孔氏曰菁㠯爲菹茅㠯縮酒鄭氏曰菁茅茅有毛束也周官菁菹鹿臡

大七十二

葑

鄭氏曰蔓菁也一名蕪菁又名冥精又名諸葛菜菜枼類菘根類羅匐而差小根枼皆可啖春食苗夏食心秋冬食根又爲艸木青蔥之狀詩云有杕之杜其枼菁菁又曰菁菁者莪毛氏曰枼盛皃也

葑叓容切詩云采葑采菲無以下體亦作蘴毛氏曰須也鄭氏曰葑菲蔓菁與葍之類也皆上下可食然其根有美旹有惡旹采之者不可以其根惡幷弃其枼爾雅曰須葑蕪又曰須葑蓯說文曰葑須从也方言曰

蘴蕘蔓菁也陳楚謂之蘴𪻐魯謂之蕘關西謂之蕪菁趙魏之郊謂之大芥爾雅疏曰葑也須也蕪菁也蔓菁也蔭蕪也蕘也芥也七者一物也　又去聲⿱艹厺

根盤結久則幷土浮水上謂之葑故水艸泥淤之地皆謂之葑南方葑有廣袤頃畝者又其苗葉可以種稻謂之葑田別作⿰氵⿰圭攵

菲

菲甫尾切　爾雅菲芴又曰菲息菜毛氏曰芴也陸璣曰菲佀葍粗莖而長有毛三月中烝鬻爲茹滑美幽州謂之芴河内謂之宿菜郭氏曰芴土瓜也息菜生

下涇佀蕪菁芎紫亦可食按葑菲有兩說一說采葑菲者食其根無已在下體而賤弃之一說如康成之說取其莖葉無已其根惡而弃其葉鄭說是也曰季曰采葑采菲無已下體君取節焉可也因之爲菲薄之義又扶沸切悲服傳曰菅屨者菅菲也傳曰共其資糧菲屨別作扉說文履也杜氏曰草屨也又甫微切芳菲𦬊气也

葍

葍方六鼻墨二切詩云我行其野言采其

葛 爾雅曰葛藟毛氏曰惡菜也陸璣曰幽州謂之燕薁藟其根正白著熱灰中溫啖之饑歲㠯禦飢漢祭白泉或用之其莖有兩種一種莖葉細而香一種莖赤有臭气風土記曰葛藟生被樹而外實狀如牛角一枝數枚味甜如蜜按此其藟即木通本艸云木通藟大者徑三寸每節有二三枝枝頭有五葉莖有紫白實如小木瓜長三三寸核黑穰白陳士良云實名桴棪子陶隱居云近道繞樹藤生汁白莖有細孔兩頭皆通含一頭吹之气出彼頭者良主通利九竅出音聲去脾胃中寒熱蠱通可去塞故其治如是也永嘉山中亦有之但未有𣂪其根者俗書作藑

蔔　　蘘　　萵

蔔蒲北切羅蔔䒤菜也亦有夏蔔根葉俱可食根尤目毳江南多蚕之又名來服又謂盧蔔盧羅來一聲之轉又謂紫花菘說文蘆菔佀蕪菁實如小赤

蘘汝羊切蘘荷也說文一名蒚蒩崔豹曰白曰蘘荷紫白蒚蒩葉佀蕉根佀薑性好食根莖宜藉陶弘景曰赤者宜菹白者宜藥又名蕒苴苴蕉同轂

萵烏禾切苣勤呂切苣菜也俗謂萵苣有

苣　莧　茄

黄白紫數種說文曰苣束葦燒也束葦當作炬顧野王曰苣勝胡麻也巨勝當作巨

莧呼旦切夏菜也有紅莧紫莧白莧五色莧水莧人莧人莧又名胡莧又名糠莧又有馬莧馬莧又名馬齒

茄求加切實可瀹可菹一名落蘇實大如鳧卵與瓜匏同旹又爾雅夫渠之莖曰茄古乎古俄切詳見荷下

六百五十四

六書故二十四　十一

莙 薘 菫 蒜

莙居云切薘唐割切菜也菜佀蓫衢之滑其湯空瀹

菫許云切辛菜也薑菌韭䪥蒜通曰菫菜韭䪥食菜薑蒜食根記曰膳於君有菫桃茢於大夫去茢於士去菫鄭氏曰菫辟凶邪薑及辛菜也

按釋老之法竝戒輒禁菫俗共㠯之古人乃㠯菫辟穢惡祭祀必豆先韭

蒜穌毌切菫菜也有大小二種葉佀䪥根

薑　蒪　蕉　蘇

可食大蒜又名葫諸葷之中蒜气尤烈

薑居良切亦作蘁山薑良薑薑黃薑類

蒪普各補各匹沃三切楚辭曰醢豚苦狗膾苴蒪孫愐曰蘘荷也

蕉苴消切已蕉巴且也枼大如席生南方其枼可㠯爲絺其實曰芙相如賦作巴且

蘇穌孤切桂荏也蘇㠯紫爲貴紫蘇枼佀

荏而辛芳佀桂宜爲畬故謂桂荏色淡者爲野蘇生水㓷者爲水蘇又俗爲樵蘇之蘇莊周曰蘇者取而爨之史記曰樵蘇後爨漢書音義曰取艸曰蘇又爲蘇醒易曰震蘇蘇書曰后來其蘇俗作甦又爲流蘇相如賦曰蒙鶡蘇孟康曰蘇析羽也

荏

荏而沈切白蘇也莖葉佀蘇而白子如枲

米可食亦可㱃油詩云𥻘之荏尗爾雅曰戎尗謂之荏尗蕰誤㠯荏尗爲一物偺爲荏弱之荏詩云荏染柔木孔子曰色厲而内荏

芑

芑丘已切詩云誕降嘉種維穈維芑爾雅曰芑白苗鄭氏曰白粱也又云薄言采芑于彼新田毛氏曰菜也陸氏曰佀苦菜莖青白擿其葉有白汁肥可生食亦可烝食青州謂之芑舅氏曰卽穈芑之芑也又曰豐水有芑毛氏曰艸也按毛氏於詩三變其説

大日冊七

藿

芑㠯嘉種稱則㠯爲穀類芑㠯采言則謂之菜芑生豐水中則不㝵爲禾與菜故又謂之屮其實未知芑果爲何物也

藿虛郭切詩云皎皎白駒食我場藿毛氏曰藿猶苗也公食大夫禮鉶芼牛藿康成曰豆葉也漢書曰山有猛獸藜藿爲之不采爾雅曰蔨鹿藿其實莥郭氏曰莥鹿豆也蔓生葉佀大豆根黃而香本屮曰生山谷苗佀豌豆又藥名

藿香

影鈔元刊本六書故

荅　芋　芧　薇

荅都合切說文曰小尗也俗爲荅問之荅猶數也

芋云晌切蹲鴟也古通作預別作蕷詩云君子攸芋毛氏曰大也鄭氏曰當作幠覆也按二說未當左氏傳楚有芋尹芋地名也

芧云晌切相如賦曰蔗芧青蘋漢書音義曰三稜也莊子曰狙公賦芧乃栩柖譎爲芧也

薇無非切說文曰菜侶藿𦼮籒文詩云薇亦作止

歲亦莫止次曰薇亦柔止又次曰薇亦剛止歲亦昜止薇蓋佮於歲莫至夏而剛也又曰山有蕨薇曰陟彼南山言采其薇薇蓋生於山也公食大夫禮鉶芼豕㠯薇疑郎苦益菜生山中發晚抽身至耆柔美夏而剛安芼豕說文薇佀藿項安世曰今之埜豌豆也莖葉莢實皆佀豌豆而小萁可茹蜀人謂之小巢菜豌豆謂之大巢蘇子瞻名之曰元脩詩正義亦云莖葉佀小豆蔓生

蕨　葶　藶

蕨俱越切紫萁也生山中萁有二有蕨萁有狼萁蕨萁初出土紫色拳如小兒手可食其根掘而擣之取粉可食凶季㠯御飢謂之烏昧亦謂烏稬爾雅曰蕨

葶特丁切藶郎擊切爾雅曰蕇亭歷本艸曰佀莖開黃䔢結角子扁小如黍粘味苦寒治肰上气及癥瘕、一名丁歷伯曰市中所鬻有

薺　芣

小五十九

甛苦二種甛亭歷乃薺與析蓂不能破气下水也月令孟夏靡艸死說文鄭康成皆曰薺亭歷之屬也至夏則枯死

薺疾咨切雞薺也詩云其甘如薺爾雅曰析蓂大薺釋曰俗呼老薺侶薺而葉細析亦作菥

芣縛牟切芣苢車前艸也又名馬舄又名當道江東呼蝦蟇衣大葉盤生箏實成穗如鼠尾

苢　薏　葛　藷

苢移里切。芣苢，薏苢，二物。亦作苡

薏䔟依記切。薏苢，穀類。枝葉如黍，其實殻堅圜，澤如珠，其米如貝。鄭敷仲說：有含薏，含薏殻尤堅硬，椎之乃破。

葛格曷切。葛根可食，蔓可乂，濩以爲絺綌。

藷直於切。藷根如署預，署預堅致潔白，而藷虛滑類蹲鴟，猶甙夫之於玉，甙多不能

大句九十一

云

蔆　蘭

辨又作藷類篇曰署預也蓋亦吕藷與署預爲一物

蔆之弢切曰蔆葉如蓄幹如竹而實中曰芺可食小者卄如荻名荻蔆厭其汁爲蔆椽乾者爲沙餳相如賦曰諸柘巴且通作柘

蘭洛干切芳艸也旾蘭葉細夏蘭葉細而長秋蘭葉大而澤冬〻蘭葉差大葉皆不冬〻

凋香蘭一榦一華夏秋發皆一榦十數華三旹之蘭芬馨最於衆芳本艸曰蘭與澤蘭相佀生水旁紫莖赤節高三四尺綠葉光潤纖長有岐葉會小紫五六月華華紅白色而香一名都梁一名水香又名燕尾香澤蘭葉纖微有毛方莖按傳曰鄭穆公予燕姞蘭而御之曰吕蘭有國香人服媚

之又楚辭曰穐蘭兮青青綠葉兮紫莖又曰紉秋蘭㠯爲佩朱子曰今所謂蘭雖香而不可佩本艸所指是也按離騷引物如荷衣蕙帶之類皆託辭也佩蘭之說亦未可徵肰㠯左氏傳考之則蘭固古人所服佩容臭之物也澤生者曰澤蘭木生者曰木蘭㠯類推之則本艸所指正古所謂蘭

蕙

也但蘭芷之蘭令不聞服佩而三旹之蘭獨著於今予故兩著之

蕙胡桂切楚辭蕙𠌶之曾叓兮紛猗旎兮都房何曾𠌶之無實兮从風雨而飛颺本艸曰蘡艸也生下溼地麻葉方莖赤𠌶𦷘實乞如蘼蕪可㠯已癘陳藏器曰即零陵香也黄魯直曰一幹一𠌶者蘭一幹數𠌶者蕙按山中人所謂蕙葉侶秋蘭而大一莖十數𠌶𠌶細而芳蘐與魯直說稍異皆非蕙茝之蕙也但不知其果爲零陵香否也

大九十三

云

蕿 芸

小二日四十七

蕿許云切本艸曰卽零陵香也莖葉謂之蕙根謂之蕿

芸亏分切詩云苕之䔢芸其黄矣又曰裳裳者䔢芸其黄矣毛氏曰黄盛也月令中冬芸始生鄭氏曰香艸也說文曰佀苜蓿淮南子說芸艸能而夏生禩禮圖曰芸蒿也葉佀邪蒿香美可食沈存中曰今人謂之七里香小叢葉類豌豆䔢極芬香秋則葉間微白如粉汚䇾辟蠹古人以藏書南人采置席下以辟蚤蝨爾雅曰權黄䔢郭景純曰今謂牛芸爲黄䔢䔢黄葉佀苜蓿按毛氏黄盛之訓乃因詩使會郭氏之說略與

營　茝　葯　蘺

微黄根入藥吕其根色白故謂白芷詳具蘺下

營去弓切别作芎山鞠窮也傳曰有山鞠窮乎司馬相如賦作穹窮營也者鞠窮之合言也

茝昌已切又昌改切葯乙角切蘺鄰之切

爾雅曰蘄茝麋蕪說文曰楚謂之蘺亝謂之茝晉謂之虈又曰江蘺麋蕪也本艸曰營一名蘄茝其苗謂之麋蕪荀子謂蘭槐之根是爲芷蘭槐離騷所謂蘭茝也苗爲

影鈔元刊本六書故

佐二六九

蘭茝根爲芷也白芷一名茝一名囂一名莞一名葯離一名澤芬𣓁名虉王逸曰白芷謂之葯按離騷曰扈江離與辟芷又曰襍杜衡與芳芷豈惟紉夫蕙茝又曰秋蘭兮蘪蕪淮南子亦曰亂人若營藭之於藁本蛇牀之於蘪蕪芷茝蘪蘺各爲一物自爾雅蘄茝蘪蕪竝言然後名物分合殽然紛亂爾雅曰莞茇離其上蒚乃謂莞蒪之之於芷下誤愈甚矣蘄芹實一字水艸也莞本艸但見茇離之名略與蘺同遂又幷鞠藭苗𣓁侣蘄故亦冐芹名不可直謂之芹也要之今世所用不過營芷二物其餘名物闕之可也

蘪　蒿　菣

蘪閭爲切蘪蕪古單作麋亦作蘼

蒿呼牢切蒿類不一有白蒿青蒿邪蒿同蒿向蒿蔞蒿因陳蒿馬矢蒿蓬艾蔚莪菣蕭萩藾芌蘩皆蒿類也爾雅曰蒿菣説文曰香蒿也陸氏鄭景純皆曰今青蒿也汝南汝陰皆謂之菣本艸曰艸蒿青蒿也葉極細嫩人亦取襍諸香菜食之至夏高三五尺秋後開細淡黄萼萼下結子如枲

菣丘刃切説具蒿下別作堅

蓬　蒿　蘩

佐、四九

蓬蓬紅切蓬蒿也枼侌白而毛佀艾亦可
擣爲艾故謂皤蒿又謂艾蒿雩如栁絮相
輥如毬遇風則飛旋故謂蓬科轉蓬詩人
所謂首如飛蓬是也蓬枼峭歰不可茹今
人采其嫩枼擣和米粉爲餈餻本艸曰蓬
蒿白蒿也
先眾艸而生枼麤於青蒿上有白毛錯歰
自生至枯白於眾蒿爾雅所謂皤蒿也疏
云可㠯爲菹陸氏曰凡艾白色爲皤蒿今
白蒿春始生及秋香美可生食又可烝名

艾

游胡北海人謂之蒡勃夏小正云蘩游胡游胡蒡勃也古人㠯為菹唐孟詵亦云生挼醋食令人不聞此疑古今食品之異蓬生最嶮往往彌望故蓬蓬為叢茂之狀蓮房梟房亦謂之蓬謂其狀如蓬科也儈為蓬籠船蓬之蓬謂其覆蓋蓬然也

艾五蓋切艾枼亭而毛緜白背背攙挼用㠯灸者也爾雅曰艾冰臺儈為耆艾之艾記曰五

十曰艾孔穎達曰髮蒼白如艾也詩云或肅或艾言其老成也曰夜未艾未闌也又爲少艾孟子曰知好色則慕少艾又爲報義詩云福禄艾之周語曰艾人必豐皆報也又爲懲艾之艾別作忿說文曰懲也又魚計切俗爲斬艾之艾與乂通

蔚

蔚迂胃切爾雅曰蔚牡菣說文曰牡蒿也陸氏曰牡蒿二月始生七月華

華佀胡麻華而紫赤八月爲角佀小豆銳而長一名馬新蒿鄭氏曰即蒿之雄無子者本艸曰馬先蒿枼如充蔚華紅白八九月實俗謂之虎麻陸謂有子鄭謂無子有子者爲正按鄭氏所己謂無子者己其有牡蒿牡蔚之名也據本艸馬先蒿枼佀充蔚充蔚子一名貞蔚枼如荏方莖白華華生節閒實佀雞冠子充蔚亦蔚之類也馬先又佀馬新馬矣一音之轉　又爲薈蔚之蔚詩云薈兮蔚兮南山朝隮言雲气茂密也又迂律切易曰君子豹變其文蔚也

蕭　萩

蕭先雕切爾雅曰苹藾蕭蕭萩說文曰蕭艾蒿也萩蕭也陸氏曰今人謂之萩蒿或云牛尾蒿似白蒿莖麤科生多者數十莖可作燭有香故祭祀已脂爇之許氏已蕭爲艾蒿非也詩云取蕭祭脂記曰蕭合黍稷臭昜達於牆屋康成曰薌蒿也借爲蕭森之蕭灌木森爽皃也又作橚椮又借爲蕭條蕭疏蕭索蕭槭又詩云蕭蕭馬鳴

萩七由切說具蕭下

影鈔元刊本六書故

莪　苹　藾

莪吾何切詩云蓼蓼者莪匪莪伊蒿爾雅曰莪蘿毛氏曰蘿蒿也陸璣曰莪生澤田漸洳處葉佀卵蒿而細科三月中莖可生食又可烝香美味頗佀蔞蒿鄭璞曰莪蒿也亦曰廩蒿本艸角蒿葉佀白蒿學如瞿麥紅赤可憂子佀王不畱行黑色佗角陳藏器㠯此爲廩蒿爲莪蒿按藥又有蓬莪朮

苹蒲兵切詩云呦呦鹿鳴食野之苹毛氏曰萍也按萍水艸不生於野亦非鹿所食

藾落蓋切爾雅曰苹藾蕭陸璣曰苹葉青白色莖佀箸而輕肥始生香可食鄭璞曰今藾蒿也

蔞　蘩

蔞力朱切蔞蒿枼似蓬蒿生澤土根莖皆可食詩云翹翹錯薪言刈其蔞爾雅曰購蔏蔞郭璞曰蔞蒿也別作蔏又力久切蘩蔞一名雞腸艸爾雅蔜蔆蘾疏曰即蘩蔞也

蘩符袁切詩云于以采蘩于沼于沚于澗之中傳曰澗溪沼沚之毛蘋蘩蕰藻之菜

蘩蓋水艸而未詳其物爾雅曰蘩皤蒿郭璞曰皤蒿即白蒿

也按詩及傳蘩乃澗溪沼沚之
毛白蒿乃生于陸明非一物

蘋　⿱艹洿

蘋蒦賓切澤艸也未詳其物詩云于㠯采
蘋南澗之濱又作薲詳見⿱艹洿下
⿱艹洿蒦經切又毗宵切浮生水上不根著之
艸也其類不一或大或細或青或紫又作蓱薸
薸爾雅曰苹蓱其大者蘋陸璣曰令水上
浮蓱也大曰蘋小曰蓱季春始生可糝烝
爲茹又可苦酒淹㠯就酒郭璞曰江東謂
之薸說文曰苹蓱也無根浮水而生薲大

大七十八　云

藻

蓱也水部又有⿱艹洿水艸也从水芌亐亦聲徐鍇曰薲俗作蘋鄭敷仲曰蘋水菜生淺水及岸側葉佀車前白⿱艹粤舅氏曰詩言采蘋於澗濱采藻於行潦藻生水中蘋生水際也⿱艹粤白故謂白蘋蘋⿱艹洿明非一物⿱艹洿藻特一聲之轉非二物芌蘋⿱艹洿藻聲相近故易眩周官⿱艹洿氏掌水禁凡从艸加水者多水艸也

藻子皓切水艸也或作藻爾雅莙牛藻陸璣曰藻一種葉如雞蘇莖大如箸長二三尺一種莖大如釵股葉如蓬蒿謂之聚藻皆可食鬻孰挼去腥气米

麪鑋烝爲茹楊人饑歲㠯當穀食古者畫藻㠯爲飾故因之爲粤藻文藻又冕有繅就車亦有繅就玉有繅藉㠯采絲爲之亦作藻

薀

薀於渾切水艸蔓生節節生葉如羽毦之狀傳曰蘋蘩薀藻之菜今傳作蘊陸悳明讀如蘊非又於粉切與蘊通

蒲

蒲蓬逋切水艸也其類不一曰蒲又名蒲

釐初生未出水紅白色茸茸然其入土白色者啖之曰胞空爲菹周官所謂深蒲也故謂曰蒲其葉與蒻如茭柔滑而耎可㠯爲筵爲薦周官所謂蒲筵也雩黃取其黃爲治血藥謂之蒲黃說文蒤蒲蒻也葢昧蒤蒲之義故贅蒤字昌蒲佀蒲而其味辛其臭烈能辟蚤蝨故曰蒲爲香蒲昌蒲爲臭蒲莞小蒲也又謂

蓀　荃

蒲丛皃茨蒲栁類之故亦㠯蒲名石昌蒲生清水石上根枼皆佀昌蒲而小纖緑可叓根節數密又見蓀下又作莆說文曰萐莆也說者曰瑞艸也垚旹生於庖廚扇暑而涼此不經之談也

蓀思渾切荃逡緣切類篇合二字爲一陶隱居曰東閒溪有名溪蓀者根形气色幽佀石昌蒲而枼無脊鄭敷仲曰昌蒲初輕乾則實蓀乾則虛燥蓀與昌陽三亖月生薹華石昌蒲則華少別作蕒蘧蘧楚辭曰荃蕙

莞

𠃍而爲茅一本作蓀又曰蓀橈兮蘭旌一本作荃說者曰荃蓀一物也說文曰荃芥脃也鼂說之曰芥脃之荃當从唐本初劣切漢書繇王閩侯遺江都王建荃葛蘇林曰細布屬服虔曰音蓀細葛也亦作絟說文曰細爲絟粗爲紵綌屬

莞古丸切又上聲小蒲也莖桌圜長叢生如著可㠯爲席剔取其莖中虛白者可㠯瀆油然登故又謂之登心艸蒲類而小故

謂小蒲又一種亢細謂之龍須周官祭祀之席蒲筵繢純加莞席詩云下莞上簟鄭氏曰小蒲之席也爾雅曰莞苻離蒢鼠莞釋曰鼠莞纖細似龍須可爲席蜀中出好者顏師古曰夫離也令謂之菡蒲別作莞

茇

茇防無切傳曰取人於萑茇之澤爾雅莞茇離疑此爲萑茇之茇又曰茇鬼目鄭氏曰令江東艸有鬼目莖如葛葉圜而毛子如耳璫赤色叢生

大九十七

云

芀　蒻　蓳

芀胡了切鳧茈也蒲茈苗佀龍須艸根如小㮚可食爾雅曰芀鳧茈漢有芀陂蓋㠯[illegible]此旻名伯曰鳧茈言鳧所食鳧蒲聲相近茈竝聲相近故又名蒲竝別作葧薺誤讀音酌者非

蒻如約切蒲初萌近根擣也說文曰蒲子可㠯為席徐鍇曰蒲下入泥白処俗呼蒲白

蓳旻動切爾雅蘱薡蓳釋曰薡蓳狀佀蒲而細可為屩亦可為索杜林曰蓳藕根也按蓳僭為菫正之菫書云菫之用威

荷　蓮　菡　藕

又曰蕫正治官義近於督蕫督同聲督急
而蕫稍緩
荷閑俄切蓮力延切菡徒感切藕五口切
夫容也又曰夫渠其根藕其葉荷其𠌶弓
菡其實蓮蓮中之子的的中之心薏荷又作蕸
爾雅荷芙渠其莖茄其葉蕸其本蔤其𠌶
弓菡其實蓮其中的的中薏按茄蔤皆不
用之名夫容亦作扶容
芙蓉芙渠的又作菂

芡　芰　蔆　芹

芡巨險切水艸也實佀雞頭故亦謂之雞頭又謂鴻頭

芰巨記切蔆也别作茤

蔆力膺切芰類大小不一實如吴牛角鬼蔆三角如蒺藜亦有三角者無角者又作蔆䔖司馬相如作遴

芹渠巾切又渠斤切水艸也枼如鞠竆莖

虛三胥根長數寸正白且香可食秋開白花周禮曰芹菹兔醢古作蘄亦作菦蓪爾雅曰芹楚葵蘄茝蘪蕪又曰薜山蘄郭氏曰蘄茝佀虵牀廣雅曰山蘄當歸當歸佀蘄而麤大陸悳明曰蘄古芹字本艸水蘄芹音一名水英芹有兩種荻芹取根白色赤芹取莖葉竝宜作菹及生菜又有查芹可為生菜鞠竆當歸苗葉皆佀芹故鞠竆有蘄茝之名當歸有山蘄之名又有回芹馬芹皆芹類也蘄亦與祈通用

荇　菰

𦬕下孟切水艸蔓生葉圜而青蔓長丈餘大如釵股般至水面始有文葉雩黄而細根莖白於芹而無節香可食浙人至今呼荇菜也又作莕爾雅曰莕接余其葉莜陸璣曰鬻白莖吕苦酒漬之可食

𦽊古胡古肴二切又作苽亦作菰水艸也苞茂如菅擘取其心如筍曰笑可食謂之茭皆實如米可飯古謂雕苽之米亦曰雕胡

蘐　萆

記曰負安菰謂菰飯也貪半馬者取其菜

故馬半也貪通謂芻茭茭菰一聲爾雅曰茭半蘄

說文曰茭乾芻也

蘐子兩切菰也徐鍇曰青謂之菰蘐乾謂之芻茭古用爲

國名令已爲姓

萆力久切水艸也周禮曰萆菹麋臡詩曰

思樂泮水言采其萆毛氏曰鳧葵也陸氏曰萆與荇菜相佀莖

大ㄅ廿三

蓴　蕑　萑

大如匕柄枲大如手夵圜有肥者著手中滑不能停可生食作鬻滑笑江南謂之蓴或謂之水葵鄭小同亦曰江南謂之蓴說文⿱艹攣洛官切鳧葵也徐鍇曰江南謂之猪蓴杜子春讀若丣非魯頌茆與酒劦

蓴殊倫切說具茆下說文曰蒲叢也

蕑古顏切詩云彼澤之陂有蒲與蕑毛氏曰蘭也鄭氏曰當作蓮韓氏曰蓮也按蕑未詳何物

萑胡官切

⿱艹焚迖歷切又作藡蔽蔏

菼吐敢切又作

荻　菼　薍　蒹　葦

⿱艹剡薍盧玩切蒹堅嫌切萑荻蒹一物也詩云毳衣如菼孔氏曰初生爲菼長爲薍成爲萑⿰日男氏曰菼薍萑荻蒹一物而五名今人植謂之荻荻莖短小而實其末曲如鉤類馬鞭節其桌陘長而色重於蘆有白膂其⿱癶亏先紫脃後白如⿰木敉絲令人㠯爲簾箔淮南子曰荻苗類絮葦于鬼切蘆陵如切

大百三十

蘆　葭

葭閒巳切葦蘆葭一物孔氏曰初生爲葭長爲蘆成爲葦陸氏曰葭蘆葦一物而三名令人犆謂之蘆蘆幹大而虛中其末直其𣓁闊大而色浅其萼褐色穗生如狐尾令人㠯覆屋織壁編䕸作筆管箱筥絞繩皆蘆也詩云八月萑葦曰葭菼揭揭曰蒹葭蒼蒼令人言蘆荻皆數㒓之詞也按葦

莩　茅　菅

籥葭管皆吕蘆爲之也毛氏曰葭蘆也菼薍也旣吕蘆菼爲二物矣毳衣如菼之下則又曰菼鵻也蘆之初生者又吕蘆菼爲一物非也

莩芳亏切說文曰艸也曰葭中白皮一漢書曰非有葭莩之親顏師古曰葭筩中白皮至薄者

茅謨交切艸可用吕覆吕藉者也

菅居顏切菅茅類而大朿佀茭其萼白其穗旆旆如帚而莖圜直実爲帚其蒻柔忍

蔽

宐爲屨又謂之茁有黄茁白茁白茁柔忍不及黄茁白菅華最晚八月九月始開其華白而輕詩云東門之池可以漚菅毳服斬衰菅屨皆此物也又作芉類篇曰蔽芉艸名茁又作菮爾雅曰菮杜榮鄭氏曰菮佀茅皮可爲繩索屨屩說文謂菅卽茅非也菅宐飯牛茅不可食牛菅根亦茅根匀

蔽庫拜切記曰浴出杼屨蔽席連用湯屨

影鈔元刊本六書故

藨

蒲席喪服丝衰疏屨傳曰疏屨者藨蒯之菲也夂氏傳曰雖有絲麻無弃菅蒯未知於今爲何物說文曰蒯聲徐鉉曰說文無蒯字當是𣪠睽切正字之省而聲不近未詳令經傳皆書作蒯亦不可曉

藨悲薾切又皮表切喪服傳曰藨蒯之菲爾雅曰猋藨芀釋曰苕又名猋又名藨爾雅又曰藨麃鄭氏曰即莓也又曰蔨鹿藋說文曰藨鹿藋也一曰蔽屬徐鍇曰說文佀誤以藨麃爲鹿藋也按記苞

屨不入公門鄭氏曰苞藨也說文曰苞艸也南陽㠯爲粗屨倜謂蔽屬卽爲屨者

苕

苕田聊切詩云苕之華其葉青青苕之華芸其黃矣爾雅曰苕陵苕黃華蔈白華茇毛氏曰陵苕將落則黃陸璣曰一名鼠尾生下溼水中七八月中華紫佀今紫艸華可染皁煑㠯沐髮則黑本艸曰陵苕紫葳也詩云卭有旨苕陸氏曰旨苕饒也幽州謂之翹饒蔓生莖如勞豆而細葉佀蒺藜而青莖葉綠色可生食如小豆藿也按詩及爾雅毛公

芀　苺

皆言苕䒓之黄陸氏所稱鼠尾與本艸紫葳皆紫䒓且陵苕旨苕未知其果爲二物否也

芀 丁聊切說文曰苕艸也苕葦䒓也荀子曰南方有鳥㠯羽爲巢繫之葦苕風至苕折與說文之說相近

苺 葚救切苺種不一或枝或蔓皆有毛朿者莫實丹狀類覆盆旨酸可食故又名覆

盆 爾雅藨麃茥缺盆葥山苺郭氏曰藨苺也江東謂之藨苺子佀覆盆而大茥覆盆也實佀苺而小葥木苺也實佀藨而大本艸蓬虆子一名覆盆一名陵虆按今江

大卌六

佐、四十五

東咢爲藨與袍音同藨蓋苺之轉

荼

荼田吾擇加二切荼有三菅茅之䔰曰荼旣夕禮茵著用荼周官荼人掌聚荼吕共喪事康成曰茅秀也詩云出其闉闍有女如荼吴語吴王白常白旗白羽之矰望之如荼考工記曰望而眂之欲其荼白茅䔰輕而白故康成吕荼爲茅秀也二則爲荼

毒之荼詩云誰謂荼苦又曰堇荼如飴又曰以薅荼蓼荼蓼朽止又曰民之貪亂寧爲荼毒毛氏曰苦菜也按荼與堇蓼𠀤稱且言荼毒必辛苦毒螫之艸非苦菜也爾雅曰蒤委葉鄭氏引詩以茠蒤蓼荼文加水王肅說荼陸穢也亦不然舅氏曰荼苦蘵也苦柬人喉三則今之茗爾雅所謂檟苦荼今人吟擇加切俗書爲荼省其下从木以别於荼不知其繆於六書也梌實木類也集韻有梌文予爲谷其艸宜从木又商居切考

大、卅八

佐、卄四

工記曰凡爲弓各因其君之躬志慮血气豐肉而短寬緩以荼者宜爲之危弓鄭康成曰荼古文舒假借字

蓳

蓳居隱切詩云蓳荼如飴通作堇說文曰根如薺葉如細柳烝食之甘按蓳荼荼蓼芺稱必皆苦辛之艸朱子曰烏喙也晉語曰驪姬置蓳亏肉韋昭曰烏頭也

苦

苦曰魯切詩云采苦采苦首陽之下毛氏曰苦

菜也公食大夫禮鉶芼牛苦士虞禮鉶芼用苦記曰濡豚包苦實蓼鄭氏曰苦荼也爾雅曰蘦大苦本艸苦菜一名荼艸一名選一名游冬月令孟夏苦菜秀是也枽佀苦荁而細斷之有白汁𦐇黃如菊堪食但苦尒一說苦菜卽令苦買也偣爲苦良之苦周官典婦功及秋獻功辨其苦良典絲受良功典枲受苦功荀子作楛鄭司農曰讀爲盬又曰祭祀共其苦鹽散鹽杜子春讀爲盬謂出鹽直用不湅治然下文又

苓　蓼

佐、五十

云𧗿監㠯徛戒令苦未可謂之監也

苓力丁切詩云隰有苓又曰采苓采苓首陽之顛爾雅蘦目苓目說文直謂苓爲蘦目毛氏曰大苦也爾雅蘦大苦㠯爲令曰艸曰艸㠯曰名何旻反謂大苦

蓼盧鳥切辛菜也其類不一多節者味辛古人㠯和𧗿令人㠯爲麴安染青者謂之蓼藍俗謂之蓼青不中用者俗謂狗青生

藍

水蒻者曰水蓼皆紅工䔰又力竹切蓼艸蒼蒨皃也詩云蓼彼蕭斯又曰蓼蓼者莪

藍盧銜切又盧含切染青艸也槐藍叢生葉如槐它爲澱蓼藍子葉皆如蓼而差大䔰紅工白它染青綠大葉如蟹匡者俗謂之蟹殼澱又有大藍眂蓼藍爲大而色不隶它染碧說文藍兩出一染青艸一瓜菹按瓜菹藍也又有漊文

葒　菊　蘧

葒戶公切葒蓼節蓼華而枝葉高大俗謂紅蓼又謂水紅爾雅曰紅龍古大者蘬鄭氏曰俗呼紅艸爲龍古語轉尒詩云隰有游龍毛氏曰龍紅艸也又作洪龍俗作蘢

菊居逐切芳艸也秋華古通作鞠月令季秋鞠有黃華又名曰精又作蘜蘜爾雅蘜治蘠大菊蘧麥說文曰菊蘧麥蘜曰精蘜治蘠鄭氏曰治蘠令秋華菊也

蘧彊魚切說文曰蘧麥也徐鍇曰今謂之瞿麥其小而華色深者爲石竹

薛　藎　萹

薛私削切相如賦曰薛莎青薠顧王曰莎也漢書音義曰賴蒿也於古爲國名有夏奚仲所封令吕爲姓氏

藎夕晉切本艸藎艸葉佀竹而細薄莖圜小生兮澤溪澗之側荊襄人謂㠯染黄俗名菉蓐爾雅所謂菉王芻者也鄭氏曰令呼鴟腳莎詩云王之藎臣毛氏曰進也

萹比兗切楚辭曰解萹薄與襍菜兮備吕

大七十五

蓷

爲交佩爾雅曰竹萹蓄鄭氏曰似小藜赤莖節好生道旁可食殺蟲本艸曰旾中布地生苗似瞿麥枼細綠如竹赤莖如釵股節間生花甚細青黃色根如蒿根亦謂爲萹竹衛詩綠竹猗猗說者曰綠王芻也竹萹竹也說文萹茿也茿萹也按綠竹如簀正謂竹亦初非兩物萹竹正已似竹叚名茿字贅又作薚

蓷吐回切又川隹切詩云中谷有蓷爾雅曰萑蓷毛氏曰鵻也說文曰萑艸多皃孫氏曰職追切陸璣曰舊說及魏博士濟陰周元明皆云菴蕳是也韓詩及三蒼說悉云益母益母充蔚也故劉歆曰蓷臭穢臭穢充蔚

菴　䕡　薁

也鄭氏曰充蔚葉佀荏方莖白華華生節間又名益母

菴依廉切䕡呂居切菴䕡狀類蒿婁要痛

相如賦曰奄閭軒于單佗奄閭又䕡茹苗

佀大戟而華淡黃或淺紅無子根佀來菔

斷之汁出乾則凝罬又謂柰頭

薁於六切賏薁也蔓生實纍纍如賏故謂

賏薁詩六月食薁毛氏曰蘡薁也諺云賏薁孰喫

萇

新粥

萇直良切。詩云隰有萇楚猗儺其支毛氏曰銚弋也。鄭氏曰銚弋始生正直及其長大則其枝猗儺柔順不妄尋蔓艸木。陸璣曰銚弋支莖弱過一尺引蔓亐艸上人㠯爲汲灌。郭氏曰卽羊桃也。舅氏曰羊桃藤長丈餘可㠯爲綆不知卽萇楚否。按萇楚於詩㠯枝言而不㠯蔓言鄭康成謂銚弋初生正直長而猗儺猶不妄尋蔓羊桃乃蔓生之艸陸氏故謂支莖過一尺則蔓亐艸上葢曲傅康成之說其實萇楚未必爲銚弋而銚弋初非羊桃也

蘞　苓

蘞畱炎切又上聲詩云蘞蔓于埜說文曰蘞白蘞也或作薟陸璣曰佀栝樓桒盛而細子正叒如燕薁不可食本艸白蘞一名菟核蔓生亦莖桒如桑而小根如雞卵三𠄡同窠外亦叒而中白濠州有亦蘞蕚實相類又烏蘞莓桒有𠄡丫子叒

苓渠令切詩云呦呦鹿鳴食野之苓陸璣曰莖如釵股桒如竹蔓生鹹澤中馬喜食之本艸黃苓叢生類紫艸亦有獨莖者桒細長兩兩相對說文苓艸也蓋黃苓也

大日六七

著

蓍式脂切艸叢生圜直可用筮詩云洌彼下泉浸彼苞蓍說文曰蒿屬本艸曰蓍如蒿叢生條直高五六尺秋後𠌶出交端紅紫如菊古之筮也或㠯策或㠯蓍易傳曰聖人幽贊於神明而生蓍觀變於会昜而立卦發揮於剛柔而生爻生蓍生爻言聖人創爲之也讀者不曉乃謂天下和平王道㝵而蓍莖長丈其叢滿百其下有

神龜㠯此爲生蓍誕矣

蓫

蓫敕六切詩云言采其蓫鄭氏曰牛蘈也爾雅蕢牛蘈陸璣曰蓫今人謂之羊蹄侶盧菔而莖赤幽州謂之蓫或作蓄按今羊蹄菜謂之禿唐即此物也禿蓫蓄一聲之轉鄭氏曰高尺許方莖衆長而銳有穗穗閒有華紫縹色爾雅又曰蓫薚馬尾

薚

薚褚良余章二切本艸商陸一名薚江東呼當陸俗名章蔞苗高三三尺葉如牛舌而長莖青赤至柔毳夏秋開紅紫華實紫黑根如蘆菔而長又作

蕢

薊

薚

蕢佀足切詩云彼汾一曲言采其蕢爾雅曰蕢

牛脣毛氏曰水蕮也陸璣曰今澤寫也本艸曰生淺水中衆佀牛舌艸獨莖而長秋開白華佀穀精艸

薊吉詣切薊多朿華跋與衆皆森然狀佀紅藍而華紫有大薊有小薊大薊一名虎薊俗名牛溺朿北人呼千鍼艸小薊無朿

一名貓薊白朮，離似薊而生於山，故謂山薊。爾雅：芺，薊，其實荂。朮，山薊。楊，枹薊。檡曰：楊枹薊，生平地，肥大於他薊，又謂馬薊。

芺

芺，烏皓切。爾雅：鉤，芺。郭云：大如梅，空中，莖頭有臺，似薊，初生可食。說文曰：味苦，江南㠯下乞蜀。圖經曰：苦芺子若貓薊，莖圜無朿。鄭敟仲曰：苦芺，薊類而非薊。

芄

芄，胡官切。詩云：芄蘭之支。爾雅曰：雚，芄蘭。說文曰：莞也。陸璣曰：芄蘭一名蘿摩，幽州謂之雀瓢。本州曰：蘿摩似女青。諺云：去家千里，勿食蘿摩、枸杞。蘇共曰：女青即雀瓢，大如棗。按：雚與莞皆澤艸，爾雅誤㠯雚爲芄，說文遂㠯芄

爲莞也

茨

茨蒺滋切蒺藜也詩云牆有茨不可埽也細葉蔓生布地子三角芒束長安最多行人多著木屐兵家㠯鐵爲之布路㠯禦敵蒺藜之合言爲茨也別作薋薺說文曰薺蒺藜又編茅覆屋爲茨書曰惟其塗墍茨又芎根曰皃茨又茨⿱艹去根類皃茨葉類⿱艹去曰茨⿱艹去茨亦作茈

蒺　藜　莎　薠

蒺秦悉切蒺藜茨也古單作疾黎

藜郎奚切爾雅葥王彗釋曰藜也科大可為帚者江東呼落帚又名王帚徐鍇曰或謂落藜初生可食藜之類也漢書又作莉

莎穌禾切夏小正曰薃也者莎隨媞者其實爾雅曰薃侯莎其實媞釋曰侯維也語辭也說文曰莎鎬侯本艸曰桀如三稜根名香附子

薠附袁切楚辭曰登白薠兮騁望相如賦曰薛莎青薠說文曰青薠佀莎者張揖曰薠佀莎而大生江湖雁所食

芐　茜　藘

芐侯古切爾雅曰芐地黄記曰芐蓲不納鄭氏曰令蒲萋也陸氏戶嫁切

茜倉甸切蔓艸葉佀棗而銳數生節閒根紫色可染絳通亦作蒨鄭康成曰亝人謂蒨爲韎甌人謂韎口束蔓有束也又爲艸盛蒨蒨皃

藘力居切詩云茹藘在阪又曰縞衣茹藘爾雅曰茹藘茅蒐陸璣曰一名地血亝人謂茜徐州謂牛蔓按詩言縞衣佀非絳

葽　荁　蘚

葽於宵切詩云三月秀葽爾雅曰葽繞棘蒬廣雅曰棘蒬遠志也侶麻黃亦有侶大青者按本艸圖經曰三月華與詩異疊句說此味苦苦葽也一說狗屁艸也

荁胡官切士虞禮芼皆用荁記曰菫荁枌榆以滑之鄭氏曰菫類也乾則滑皆用乾荁

蘚蒲計切蘚荔芳艸也曼生緣木石牆垣夏初開華芬潔其種亦不一爾雅曰蘚山蘄又曰蘚白

荔　藺

蘄又曰薜山麻說文曰薜牡贊也

荔郎計切薜荔說具薜下月令仲冬荔挺出說文曰佀蒲而小根可作㕞鄭氏曰馬薤也相如賦曰其高燥則生葴析苞荔顏師古曰荔馬荔令馬藺也

藺良刃切馬藺也本艸曰葉佀薤而長厚𠌶紫碧結實作角子如麻人而亦有稜根細長可爲㕞一名蠡又名荔按藺荔蠡一

芫　葴　蒢

聲之轉呂其佀顀故又謂馬顀也說文曰芫屬

芫愚袁切說文曰魚毒也本艸芫華黃可用毒魚

葴職深切爾雅葴馬藍又曰葴寒漿郭氏曰馬藍今大葉冬藍爲澱者寒漿酸漿也江東苦葴亦名醋漿本艸曰酸漿苗佀水茄而小華黃味酸實作房房中有子如梅李大黃赤色葉可食

蒢直魚切爾雅蘵黃蒢郭氏曰葉如酸漿華小而白中心黃江東呂爲葅

藋　苜　蓿　薷

藋迖弔切傳曰斬之蓬蒿藜藋爾雅曰拜商藋疏曰似藜而大枼枼心有白粉說文曰堇艸也一曰拜商藋徐鍇曰令所謂灰藋也别作⿱艹⿰禾翟⿱艹⿰林翟又音濯朔藋每枼輒有峻枼五六秋生細白華實如茱萸一名陸英又音狄與荻通

苜莫六切蓿息逐切苜蓿本出大宛馬所耆食漢武帝取其種以來漢書單作目宿

薷汝朱切香薷似蘇可以治霍亂水腫丢

苧　萊

署乞又目由切亦作茉

[苧]直呂切檾類科生桌如野蘇一歲三乂爲糸精白於枲亦作紵說文曰紵檾屬細爲絟粗爲紵別作綒禹貢豫州厥貢絺紵苧非絲類从艸爲正

[萊]洛哀切詩云北山有萊說文曰蔓華也陸氏曰桌可食兗州烝爲茹謂之萊烝又爲艸萊通名周官上地田百畮萊五十畮中地田百畮萊百畮鄭康

葪

葙

成曰萊謂休不耕者蓋吕有艸萊旻名又曰虞人萊山田之野蓋芰其艸萊也詩云田卒汙萊謂艸生之也孟子曰辟艸萊

葪北朗切惡實也一名牛葪其實芷能黏物又名鼠黏也

葙息良切本艸青葙子侣蒿莧生子黑而光殺蟲

茴　蔣　蕺　萆

茴戶恢切。茴香莖似芹，葉青纖，實似回芹而粒長，味曰臭香，令人以芼菹醢。亦作蘹。

蔣即淺切。艸類，牛膝根，槩乾愈欬及疥。

蕺阻立切。會稽蕺山以生蕺菜名。說文曰：蕺菜也。崔豹古今注：蕺一名蕺類。篇曰：菜似蕎麥，生溼地。

萆夜移切。萆薢根主煖腎，擣之淘取粉，可煼食。一名山皃茨。又雨衣亦謂之萆。又與

薢　荊　蘠

蔵通用。漢書：莋山而望䜭軍。

薢　胡隘切。說文：薢茩，艸名。又曰蔆，楚曰芰，秦曰薢茩。爾雅：薢茩，英茪。鄭景純曰：茪，枼黃鋭，𠌶柰，實如山茱萸。陶隱居曰：枼如茳芏，子形佀馬蹄，呼爲馬蹄決明。廣雅謂之羊躑躅也。圖經曰：決明枼佀苜蓿而大，七月𠌶黃白色，子佗穗如綠豆而鋭。與鄭說物色不類。

荊　舉卿切。楚也。詳具楚下。有牡荊、蔓荊、紫荊。

蘠　才良切。束藤𠌶紅紫，亦有黃者，其荼白

蒟

者爲荼蘼亦作薔从牆省爾雅蘠蘼虋冬又曰薔虞蓼鄭氏曰門冬一名滿冬又曰巫夷蕿蘠相如賦曰東蘠雕胡廣志云東薔子青黑河東記曰貸我東薔償我白粱又作廧本艸東薔苗佀蓬子佀葵十月孰可爲飯出河西

蒟俱雨切本艸蒟醬蔓生枽佀王瓜而厚大味辛實佀桑䵍皮黑肉白漢書作枸說文曰蒟果也按越中有蒟蒻本艸又名蒻頭根如天南星大可食

蔲　苨　莔　莃

蔲呼豆切豆蔲實可爲藥有肉豆蔲白豆蔲紅豆蔲艸豆蔲

苨奴禮切薺苨根莖類人參而葉小與桔梗相亂桔梗苦而薺苨甘爾雅曰苨菧苨

莔眉耕切貝母也根類小貝相附如蒜故謂貝母別作䖟按詩陟彼阿丘言采其蝱毛氏曰貝母也

莃香衣切爾雅莃兔葵郭氏曰頗似葵而小葉狀似藜有毛汋啖之滑

莨　苔　蘚　芍

莨來湯切說文曰蕩艸支支相佀枼枼相當史記倉公傳曰歠莨蕩藥一撮别作蒗相如賦曰藏莨蒹葭徐廣曰狼尾艸也佀茅

苔徒哀切苔生於水者青綠如髮生海濱者人多取裛而食之又名陟釐晉武帝賜張華側理紙千張王子年云卽陟釐也亦作落陸地下溼亦生蒼苔

蘚息淺切苔之淺駁者曰蘚猶人之瘯癬

芍市略切芍藥芳艸也牡丹亦名木芍藥

字書與芍亂芍勹聲芍勺聲

菝 葜 草 蕕

菝蒲八切葜丘八切菝葜根佀萆薢而堅强葉眂萆薢大而圓有束根可藥

草許早切艸生山澗其根辛芬可菹俗作[illegible]

蕕以周切傳曰一薰一蕕十年尚猶有臭艸之臭惡者爾雅曰蕕蔓于郭氏曰一名軒于江東呼蕕說文曰水邊艸本艸曰生水田中佀結縷葉長伯曰令臭腥艸又名水生艸細葉黄萼

蒡　茱萸藙

蒡與久切狗尾艸也初生𥾐與粱㮚苗相類但其葉微弱而多毛其穗類㮚而𥾐細既穗而後與㮚殊孔子曰惡蒡恐其亂苗也說文曰禾㮚下生蒡按孔子稱惡蒡亂苗明與禾㮚非一物蒡乃狗尾艸

茱市朱切萸羊朱切茱萸之實捄

藙魚既切記曰三牲用藙鄭康成曰茱萸也漢律會稽獻藙一斗爾雅謂之檓按說文謂檓似茱萸則疑自爲二物或作蘱

萄　茗　荓

萄 徒刀切蒲萄漢書作蒲陶木之蔓生者實佀賏薁而甘

茗 莫迥切歙梌之異名鄭氏曰今人謂旱采者爲茶晚取者爲茗茶又謂荈尺兗切

荓 替耕補耕二切爾雅曰荓馬帚釋曰佀蓍可爲埽彗詩云荓云不隶毛氏曰使也又曰莫予荓蜂爾雅曰甹夆掣曳也鄭氏曰謂牽扡也

莒 居許切說文曰齊人謂芋曰莒古㠯爲國名

蔡 倉大切說文曰艸也古㠯爲國名禹貢五百里要服三百里夷其外二百里蔡孔氏曰法也五百里荒服三百里蠻其外二百里流傳曰殺管叔而蔡蔡叔杜氏曰放也陸氏素達切侗謂禹貢蔡與流皆屛放㐫慝之名又爲大龜名語曰臧文仲居蔡

范 防減切說文曰艸也萅秋晉有范氏記曰范

則冠而蟬有緌見萬下

莅

莅郎計切易曰莅眾用晦而明與涖隸通又見隸下

蒍

蒍韋委切說文曰艸也春秋楚有蒍邑子玉治兵于蒍蒍氏食焉

荀

荀相倫切說文曰艸也古有荀國滅於晉荀氏食焉

芄　薳　薖　苟　薋　菉　葹

芄巨鳩切說文曰遠荒也詩云至亐芄埜

薳韋委切說文曰艸也楚有薳氏

薖苦禾切說文曰艸也詩云碩人之薖

苟古厚切說文曰艸也偕爲苟且之苟

薋嫉資切菉力玉切葹式支切離騷曰薋

菉葹㠯盈室說文曰薋艸多皃菉王芻也類篇卷葹艸名拔心不死朱

子曰薋蒺藜也葹枲耳也本艸枲耳一名葹

帴　莊　萴　蒠

帴詳亦切詩云緇衣之帴兮毛氏曰大也說文廣多也

莊側羊切本義闕偕爲莊敬之莊又道路六達謂之莊

萴阻力切傳曰爽鳩氏始居之季萴因之陸氏士則切說文曰烏喙也一曰附子一歲者孫氏阻力切按附於烏喙者爲附子小而附者曰側子也當作側

蒠胥里切語曰愼而無禮則蒠作曰艸結也

蓰　莘　蔦

蓰山宜息紫二切集韻曰艸名數五倍曰蓰孟子曰或相倍蓰

莘所臻切呂氏春秋曰艸有莘有藟獨食之則殺人孟子曰伊尹耕於有莘之野詩云纘女維莘毛氏曰太姒國又曰魚在在藻有莘其尾毛氏曰長皃

蔦都了切詩云蔦與女蘿施于松柏毛氏曰寄生也陸璣曰桑似當盧子如覆盆赤黑恬美或謂鳥食木實遺矢木上因產此故謂

菌 蕈 葚

寄生又名寓木又名宛童本艸云桑如橘而厚按詩言蔦與女蘿施于松柏又曰施于松上二物皆當似蔓生乃可言施寄生不能施于松上也或作樢

菌渠隕切爾雅曰菌芝中馗菌小者菌鄭氏曰地蕈也似蓋江東人名土菌亦曰馗廄可啖說文亦曰地蕈也

蕈慈衽切俗又作蕁說文曰蕈桑萸也萸木耳也

葚食衽切說文曰桑實也按菌蕈之栖皆朽腐糞烝所產莊周所謂烝成菌也地有朽壤木有朽腐則生之其類不一似蓋而

蓢

奭者可食其毒甚者能殺人令人謂之蕈亦謂之茵其佀鼠耳者謂之木耳生石上者爲石耳初奭後剛亦可食堅厚而有五色文采或一本十數莖者謂之之（令佗芝）詳具之下桑實本謂之黮取其孰而紫黑也亦佗椹令人㠯艸牙之卷者爲葚

萌莫耕切艸牙初逬也

荄　荑

莖　萁

荄古哀古諧二切爾雅曰荄根也

荑杜奚切艸木初抽牙臬也柔毳曰荑詩曰手如柔荑又曰自牧歸荑亦偺用稊易曰枯楊生稊或作桋又延知切蕪荑梂仁可爲藥

莖戸耕切艸幹也鎖莖之莖別作鋞非

萁居之切豆稭也蕨亦謂之萁又記曰梁

英　蔕

曰蘛茵別作蘻墓稘䫏烘

𦬁於良於京二切𠌶之始發精明曰英詩云尚之㠯瓊𠌶尚之㠯瓊英曰英英白云言其英明也曰朱英綠縢曰二矛重英蓋㠯朱絲爲之象艸木英㠯爲飾也玉之光亦曰英別作瑛人之秀出者因謂之英

蔕都計切艸木𠌶實之跋也又作蔕說文曰蔕

葩　蕚　葰

瓜當也鄭敫仲說見帝下

葩浦瓜切說文曰蕚也又作芭楚辭曰傳芭兮代舞說者曰芭與葩同巫所持香艸

蕚五各切蕚房也詩鄂不韡韡鄭氏曰足也

葰息遺切蕚中須也漢武帝賦曰函葰荴音叓呂俟風又作荾孟康曰葰蕚中絲也此說不然別作荾芨挼說文荾薑屬可呂香口胡荾實頗類蕚荾而香說文所謂可呂

香口者疑即此

芒

芒 武方切 艸耑禾穎芒銳也 引之則凡鋒芒皆謂之芒 別作私 䅒鋩 又與茫通用

藟

藟 力癸切 又弓聲 蔓生纍纍繞者也 詩云葛藟纍之 又曰緜緜葛藟 又作櫐虆虆藟 說文虆木也 爾雅諸慮山櫐 欇虎櫐 郭氏曰今江東呼櫐為藤似葛而粗大 曰虎櫐 今虎豆纏蔓林木莢而毛 朿或曰葛類也 子如綠豆而耑 孟子大 又本艸蓬虆子 一名覆盆莓類也

藤　蘿　荚

曰反虆梩而掩之

藤徒登切藟也

蘿魯禾切藤蔓羅絡也詩云蔦與女蘿拖亏松柏爾雅曰唐蒙女蘿女蘿兔絲說者曰在木爲女蘿在艸爲兔絲

荚古劦切又古狎切艸之屬若豆莁木之屬若檀榆槐其實皆荚荚之爲言若夾周官土宜三曰墳衍其植物宜荚物

蕡　　蘀

蕡符分切枲實也周官翰事之籩其實麷蕡喪服苴經丈傳曰苴經者麻之有蕡者也凡枲有蕡而後漚者其皮老粗故喪服㠯為斬衰疏衰之經記曰斬衰皃若苴詩云桃之夭夭有蕡其實言桃實䌓纍纍如蕡也又作䴅黂削子曰常衣緼黂

蘀他各切艸木朵及皮散通謂之蘀詩云

大司七十六

蘱　茇　芳

蘀兮蘀兮風其吹女又曰十月隕蘀令人亦謂筍殼爲蘀别作籜

蘱呼貢切艸木叢萸也

茇蒲末切說文曰艸根也艸宿因謂之茇詩云召伯所茇通作拔傳曰晉大夫反首拔舍杜氏曰艸舍也别作废說文曰舍也

芳敷房切艸气香也

芬　苾　蕟　蒼

芬芬㡿文切芳也亦作棼又作岎枌棻馚馩

苾苾毗必切芳气烈發也詩云苾苾芬芬又作飶詩云有飶其香又作馝

蕟蕟虛嚴切艸气過烈逆人也艸有豨蕟吕其气之蕟也俗作火杴海蕟蓋豨之譌爲火爲海禾傷龔亦曰蕟別作秡類篇曰禾傷肥又作菝

蒼蒼七岡切艸色向老青蒼也

大司七十一　宋

茂 薿 葊 萋

茂莫候切艸盛也與楙通 別作菽

薿魚紀切整茂也詩云黍稷薿薿 又魚力切

葊夆孔切艸木鬱起也詩云葊葊萋萋又

澓孔切令呂艸木叢冣為葊 亦作莑

萋七稽切艸茂密会合也詩云葛之覃兮

維葉萋萋又云有渰萋萋言興雲之茂密

也又曰萋兮斐兮成是貝錦 別作霋緀

薈　苞　蓁　芃

薈古外切詩云薈兮蔚兮南山朝隮

苞布交切艸木叢生也在詩木則有苞櫟苞桑苞棘艸有苞稂苞蕭苞著又曰如竹苞矣

蓁側詵切詩云桃之夭夭其葉蓁蓁毛氏曰至盛皃

芃蒲東切艸豐盛芃起也詩云芃芃其麥

又曰芃芃黍苗又曰有芃者狐言狐毛芃芃

然也

茸

茸而容切艸緐奧茸茸也今人謂綫之㪔而輕者曰茸綫别作髶說文曰髮亂也又作䩸䋞又上聲爲闒茸之茸言其闒闒猥茸也與宂毹通

蓊

蓊烏孔切艸鬱勃而茂如水之滃也又平聲又作塕司馬相如賦曰觀衆樹之塕薆

蒙 藇 芊 蔟 蕃

蒙莫紅切艸盛冃覆也先人曰卽冡字

藇象呂切詩云釃酒有藇爾雅揭車芞藇毛氏曰美皃伯曰濃也

芊倉先切芊芊艸緜遠皃

蔟倉奏切艸茂盛蔟聚也語曰六律二曰太蔟韋昭曰達也漢志作簇十二月太簇簇奏也言昜气大奏地而達物也

蕃附袁切艸滋茂也

苿尊蕪

藹

苿補衮切蓴祖本切苿蓴艸叢生皃

蕪武夫切艸彌漫也又上聲書曰庶艸蕃廡俗用廡字漢書無蔞亭無湖皆單作無引之為荒蕪蕪穢又蘪蕪艸名蕪荑藥名又作莁爾雅曰莁荑蔱蘠

藹烏割切又於改切艸蔚盛也詩云藹藹王多吉士又厺聲別作藹靄譪說文曰譪从言葛聲臣盡力之美

引詩

蓐

𦱥而蜀切，艸豐縟也。說文曰：陳艸復生也。一曰蔟也。蓐，籀文。㠯艸藉坐臥，因謂之蓐。傳曰：秣馬蓐食。杜氏曰：早食於寢蓐也。別作褥。

薦

𦲸在甸切，豐艸也。莊周曰：麋鹿食薦。又作𦱵。傳曰：戎狄荐居。又曰：荐食上國。又與洊通。詩曰：饑饉薦臻。又曰：天方薦瘥。又側甸

王

萃　藪

切編豪艸呂藉也寢所用藉席者今謂之薦也弄承呂進者因謂之薦薦進聲相通薦人薦賢之義取此

萃秦醉切艸所聚也又作稡漢賈誼賦異物來崒从山又七醉切萃蔡新衣聲又通爲游倅之倅

藪蘇后切大澤叢薄深廣之地謂之藪周官職方氏九州皆有澤藪別作蓃轂空中眾

苑　萡

輻所湊也因謂之藪又所主切

苑於阮切苑近於藪林木鳥獸所聚也晉語曰人皆集於苑己獨集於枯故謂苑囿通詩曰有菀者柳記曰大積焉而不苑陸氏亦作菀又委隕切與蘊通又紆勿切與鬱蔚亏粉切

萡側負切水艸曰萡从艸从水是其義也

孟子曰驅蛇龍而放之菹又爲菹醢之菹瀹菜茹㠯爲豆薦也亦作𧖴說文曰醢也从血按𧖴乃从皿从血譌也又作菹

茠 茠呼高切去田閒艸也又作薅說文曰从蓐好省聲詩云㠯薅荼蓼荼蓼朽止

薙 薙他計切鬄削艸萊也

蘊 蘊於粉切積艸也傳曰芟夷蘊崇之凡去

蔽　芾

艸既芟鉏則聚而蘊崇之艸乃苑殄亦通作薀傳曰毋薀秊又曰薀利生孽

蔽必袂切艸盛蔽翳也或作萆通偺爲蔽斷之

蔽書曰官占惟先蔽志又曰丕蔽要囚又曰蔽旹忱語曰詩三百一言㠯蔽之周禮弊邦治弊獄偺用弊字又必削切

芾方未切蔽芾也又方勿切說具巿下

茀　茷　蔭　苛　葆

茀方勿切艸蕪薉也周語曰道茀不可行因之爲車蔽之名詩云翟茀吕翰

茷扶沸切又房越切說文曰艸葉多

蔭於禁切艸侌翳也止當作侌

苛乎哥切艸細密也引之爲苛細煩苛

葆博抱切又作葆說文曰艸盛皃漢書曰頭如蓬葆因之爲羽葆之葆記曰御棺用羽葆僭爲

薄　藐

餓莩之莩與殍通今書傳作莩皮表切

薄旁各切叢薄也因爲蠶曲之薄又因之爲帷薄之薄俗作箔借爲厚薄之薄又爲薄人於險之薄迫阸之也又爲盤薄旁薄今亦作礴又迫各切

藐弭沼切艸初生幺微也傳曰㠯是藐諸孤與眇通又茲角切艸芊緜廣遠望之藐

荒

小三十

藐然也詩云藐藐昊天又曰寢廟既成既成藐藐

荒呼光切艸蕪漫也田荒則穀不登故因之爲饑荒別作⿰禾荒說文曰虛無食也引之爲荒覆爲帷荒喪大記飾棺君龍帷黼荒大夫畫帷畫荒鄭氏曰在上曰荒別作⿰巾巟⿰巾荒荒度之義取此因之爲荒遠禹貢五服最外爲荒服遠地

萎　茶

多荒弃不田也又因之爲淫荒荒亡書云內作色荒外作禽荒孟子曰从獸無猒謂之荒（别作㤺慌）

萎於危切艸委悴也詩云何木不萎又萎蕤艸弱而㲋也淩霄㝵蔓生而㲋故亦謂之萎蕤（别作葳）

茶尼結切萎之㬎也

蔫　菸　芤　落

蔫於虔切艸木華枼精華變脫也

菸央居切又去聲艸木萎枼菀積菸邑也

芤去矦切艸莖中空也衇瀀按之無𣪏之來至旁實中空曰芤

落盧各切艸木凋零也雨零別作霝非借為羅落聚落之落又為籬落落為濩落落莫又宮室器皿成歆酒以考之曰落傳曰楚子成章

𥫗之臺願與諸侯落之叔孫爲孟鐘饗大夫𠂇落之

藃

藃呼高呼報二切木不理孫藃剝也考工記曰𠂇火養其陰而𡋭諸其昜則轂雖敝不藃亦僭用槁字荀子曰木揉𠂇爲輪其曲中規雖有槁暴不㬊挺者

菑

菑市之切又作𦳊說文曰耎別也

菑

菑側持切又殺艸木也書曰厥父菑厥子乃弗肎播又曰既勤尃菑爲厥畺畎詩曰亐彼新田亐此菑畝又曰佗之屏之其菑其翳凡攺土必先菑而後可墾大木難伐者則規斸其皮亝民要術曰凡山澤開荒皆七月芟乂之艸乾而樊之林木大者劉殺之枼死不扇便任耕種三歲後根莖枯

杇樊而耕之中爲穀田荀子曰周公身如斷菑而爾雅亦謂木立死曰椔也爾雅曰一歲曰菑二歲曰新田三歲曰畬說文徐本曰菑不耕也二歲田也从艸从甾或省艸从田从巛巛亦聲唐本曰古文作甾別作葘緇又借㠯爲栽植之菑與栽通考工記曰察其菑蚤不齵則輪雖敝不匡康成曰謂輻入轂中者也又通爲災害之菑

蓘

六百六十七

蓘古本切傳曰是穮是蓘杜氏曰壅苗也

芼 藥 藉 茵 著

芼莫報切呂菜冒羹也

藥呂灼切艸之類可治病者采之曰藥

藉慈夜切呂艸薦物也易曰藉用白茅又祥亦切艸不編狼藉也故因之爲狼藉狼藉則㪚漫故謂藉藉

茵於眞切艸蓐也別作鞇

著陟慮直略陟略三切呂荼絮充茵也士

喪禮曰幎目頳裏著（鄭氏曰著充之㠯絮也）曰茵著用荼引之則直略之音爲陟著陟略之音爲容著陟慮之音借爲表著之著傳曰朝有著定會有表著定如今班位各有籤識也朝有常位故曰著定因之爲顯著之義中庸曰形則著著則明又詩云俟我於著乎而（毛氏曰門屛之閒曰著孔穎達曰爾雅門屛之閒謂之宁宁著同）

蕞　蕝　苴

蕞在外祖外二切束艸也史記曰叔孫通爲綿蕞如淳曰蕝茅撅地爲纂位因之爲蕝小之稱傳曰蕞爾國言蕞小如蕞也

蕝子悅切又子芮切晉語曰楚爲荊蠻置茅蕝設望表與鮮卑守燎說文曰朝會束茅表位賈逵說同按蕞蕝實一字雖讀有三音特一聲之轉也

苴子余子都二切禮刌茅長五寸束之曰

菙

菹鄭師大祭祀共茅蒩鄭曰蒩菹也又七余切喪服斬衰菹絰丈傳曰菹絰者麻之有蕡者也菹杖竹也記曰斬衰何以服菹菹惡皃也斬衰皃若菹齊衰皃若枲又七也切傳曰冠雖敝不以菹屨說文曰屨中艸也又鉏加切詩云如彼棲菹毛氏曰水中浮艸按木曰查艸曰菹聲義一也

菙主總切周官菙氏掌共荊菙以灼龜

苫　萺　葪

苫失廉切萺茅爲苫㠯葢㠯藉也喪禮斬衰寢苫

萺七入切緝茅也傳曰叔孫所居一日必萺其牆屋考工記曰萺屋三分瓦屋三分傳曰繕完萺牆又曰蒙萺公屋引其義則萺理萺補皆曰萺

葪良薛切又作梨說文葪芀也梨黍穰也記曰膳於君有

蓋　蕟

葦桃茢鄭氏曰茢帚也徐鍇曰呂黍穰爲帚治涵桃湯呂除不祥也

蓋古太切呂艸覆也因之爲蓋笠之蓋偕爲疑是之辭又谷盍切亼有蓋邑有蓋公又轄臘切亼人謂蒲席爲蒲蓋今浙又亦肰

蕟方肰切呂葦類爲席也又作蕟類篇曰蘧篨也亦作廢

大日三十六

藩

藩甫煩切編艸㠯爲屛障也易曰羝羊觸藩傳曰乃藩爲軍別作籓籓蕃車必有蔽者亦曰藩周禮曰㯉車藩蔽左氏傳亝矦㠯藩載欒盈別作轓漢景帝詔二千石朱兩轓千石至六百石朱左轓東漢志轓長六尺下屈廣八寸上業廣尺二寸應劭曰轓車耳反出所㠯藩屛翳塵泥也㠯簟爲之顏師古曰據許叔重李登說轓車蔽也言車耳反出非矣通作蕃書云㠯蕃王室詩云亏蕃亏宣傳曰封建親

戚吕蕃屏周

蔀

蔀裴古切王肅替苟切易曰豐其蔀又曰蔀其家朱子曰障蔽也

藏

藏慈郎切藏匿艸莽中也古通作臧因之爲蓄藏之義又去聲出内曰府受藏曰藏心肝肺腎脾於人爲五藏謂其受藏而不寫也別作臟盜所藏爲藏與臧同音別作贓又

薶　薪

藏莨艸名司馬相如賦曰藏莨蒹葭漢書音義曰佀藑而桒大

薶莫皆切薶藏艸莽中也葬之从茻同意亦作埋从土貍省聲

薪息鄰切艸木之已爨者曰薪詩云有洌氿泉無浸穫薪曰翹翹錯薪言刈其蔞薪艸也曰采荼薪樗樵彼桑薪薪木也

菽　菆

菽鄒仍切麻骨也別作蒸

菆側鳩切艸木莖也既夕禮曰御㠯蒲菆鄭氏曰蒲扗莖也傳曰晉荀罃毋弢抽矢菆內諸

廚子之房廚子曰董澤之蒲可勝既乎又

曰㐅弢㠯菆麻菽亦曰菆別作黀⿸麻芻記曰天子

之殯也菆塗龍輴㠯椁鄭氏曰菆木㠯周龍輴陸氏讀士官

切令去遂㠯殯爲菆亦書作攢其實菆無攢音

大、七十

佐四十六

蕘

蕘如昭切薪艸也又音垚本艸蕘華佀胡荽無朿華細而黄主呑水

莝

莝粗臥切剉芻也古通作摧詩云摧之秣之

茹

茹人恕切馬牛嚼芻也嚼茹同聲詩云柔亦不茹謂茹噉也又曰來咨來茹謂茹噉求其理也又曰我心匪監不可㠯茹曰

莜　蕢

玁狁匪茹謂不可容內也菜人所茹也故謂菜茹易曰拔茅茹王弼曰茹相牽引之皃程叔子曰根之相連者按二說皆緣易辭㠯生訓易義實未通又平聲詩云茹藘在阪說具藘下

莜徒弔切說文曰田器也亦作蓧語曰丈人㠯丈荷蓧

蕢求位切說文曰艸器也臾古文象形語曰有荷何

蕢而過孔氏之門者又作簣呂氏春秋曰艸鬱則爲蕢高誘曰穢也又戶數切衛世子蔽蕢亦作蔽瞶又苦怪切記曰蕢桴而土鼓左氏傳晉屠蒯檀弓作杜蕢爾雅曰蕢赤莧

苙

苙力入切孟子曰今之與楊墨辯者如追放豚既入其苙又从而招之朱子曰苙闌也

䕩

䕩盧皓切周官饋食之籩其實乾䕩鄭氏曰乾

梅也按後漢長沙王始𨞏艸爲藾䃣非特梅也

蔇

蔇虛既切說文曰艸多也傳曰讐鄭吕勸來者猶懼不蔇杜氏曰至也又爲地名

芮

芮而銳切說文曰芮芮艸生皃周有芮伯本艸石龍芮一名地椹子如桑椹又水名

蘸

蘸莊臽切說文新附曰吕物漫水也从艸未詳

茌

茌士疑切漢東郡有茌平縣泰山郡有茌

莋　蒐

縣又作莋貞䐈傳言山不莋櫱師古曰古櫱字也按莋莋聲莋譌爲仕者非

莋在各切漢越嶲縣名史記作筰漢書作莋

艸之疑

蒐踈鳩切說文曰茅蒐茹藘人血所生可以染絳从艸从鬼按禮

春蒐夏苗田獵之名亦作獀傳曰蒐乘補卒

蒐蓋有搜閱之義

蕆

蕆丑善切。春秋傳曰：寡君又翰呂蕆陳事。杜氏曰：勑也。

甲

甲古狎切。象艸木戴甲而出。易曰：雷雨作而百穀艸木皆甲坼。因之爲甲冑之甲。說文曰：从木戴孚甲之象。一曰人頭空爲甲，甲象人頭。𠆤古文。鄭敷仲曰：象被鎧之形。僭爲十日甲乙之甲。

出

出尺律切。說文曰：艸木上出也。鄭敷仲曰：象甹英巠出之

形又尺祟切

弓 㔾乎感切艸木函𢏚弓弓也象形荷𢏚謂之弓菡別作菡萏顉弓之龤聲

甬 甬余隴切艸木𢏚弓之長者也蟲之末已者類之故亦曰甬別作蛹器物之圜長者亦曰甬考工記曰鳧氏爲鍾兩欒謂之銑

銑間謂之亐亐上謂之鼓鼓上謂之鉦鉦上謂之舞舞上謂之甬甬上謂之衡鍾長甬則震月令曰日夜分則同權衡角斗甬康成曰斛也別作桶筩

𢎘　亝

𢎘說文曰木生條也从弓由聲引商書若顛木之有𢎘枿古文言由枿

亝徂奚切禾穀之秀亝也亦作𥝢引之爲整亝爲亝亝一爲潔亝偕爲腰亝之亝別作[illegible]𦞦又爲

國名又側皆切借爲亝戒之亝記曰亝者精明之至也凡亝者必屏絕思慮致其純壹吕交神明精之至也别作齋又即夷切借爲亝盛之亝與粢通亦作齍又借爲裳亝之亝裳下緝也别作䘸說文曰緶也又才細切借爲分亝之亝量之亝易曰亝小大者存乎卦周官食醫掌六食六飲六膳百羞百醬八珍之亝瘍醫掌祝藥

剞殺之亝酒正辨五亝之名考工記曰㮚氏執下亝冶氏執上亝記曰有無惡乎亝別作劑

又祖雞切儕爲醬亝之亝周官醯人掌共五亝七菹康成曰亝當作齏五亝昌本脾析蜃蚳豚拍深蒲也凡醯醬所和細切爲亝全物若牒爲菹侗謂齏乃韭䪥葱蒜五辛之類今誤以醬爲齏說具韭部

𣏟

𣎵𣏟是爲切艸木𠌶下𣏟也象形𣏟爲共工故言工者曰工𣏟別作倕莊子曰攦工倕之指離騷曰巧倕不斲

大㔾六十

云

𠌶

𠂹之龤聲

𠌶況兮況瓜二切艸木𠌶也別作花蕐荂蘤又胡瓜切𠌶之精采曰𠌶引而申之凡榮𠌶文𠌶𠌶美皆曰𠌶又僭爲𠌶夏之𠌶又周官形方氏掌制邦國之地域而正其封畺無有𠌶離之地康成曰讀如㼌哨之㼌陸氏苦瓜切謂㼌卵也記曰爲國君削瓜者𠌶之鄭氏曰中削也陸氏胡瓜切又胡𠤎

韡　差

切卥岳曰𠌶山別作崋宋有𠌶氏

𠌶之諧聲

韡亏鬼切𠌶縣爾也

差初加初宜二切𠌶惢次弟相差也引而

申之爲參差差池爲等差差擇別作⿱𠌶車縒傑分

職授任差其才能秩敍而使謂之差使俗作

初皆切非病愈因謂之差說文作瘥又楚何切差跌

⿱夕差䟔足之⿱夕差也別作⿰足⿱夕差又兩相切為⿱夕差詩云屢舞⿱夕差⿱夕差言其衣裳之萃蔡也別作⿰亻⿱夕差記曰⿱夕差沐于堂上俗作⿰扌⿱夕差

皁

皁昨早切橡櫟之實為皁象皁有斗承實形詩云既方既皁言黍稷之稃如皁也皁可㠯染黑令人謂黑曰皁皁僭為皁隸之皁傳曰士臣皁皁臣輿周官趣馬下士皁一人三乘為

丩　乇

皁皁一趣馬說文無皁而有草草斗櫟實也一曰象斗子按橡櫟之實不當从艸皁之象形昭然从艸艸从早者今書傳通以爲艸字不聞以爲橡櫟實也俗又盈其下爲皂亦非

丩居黝切瓜瓠之類蔓閒有丩遇物則纏繞之其蔓乃曼上引說文曰相糾繚也一曰瓜瓠結丩起象形

乇孫氏陟格切說文曰艸枼也从𠂹穗上田下有根象形按乇字偏旁多用之而正義不顯

鹵

鹵說文曰艸木實𡍮鹵鹵然象形讀若調

說文㮚與㮚皆从此按此說亦未允

孫奎謹校

六書故弟二十三

六書故

二十五之二十六卷

工冊一之二

紫

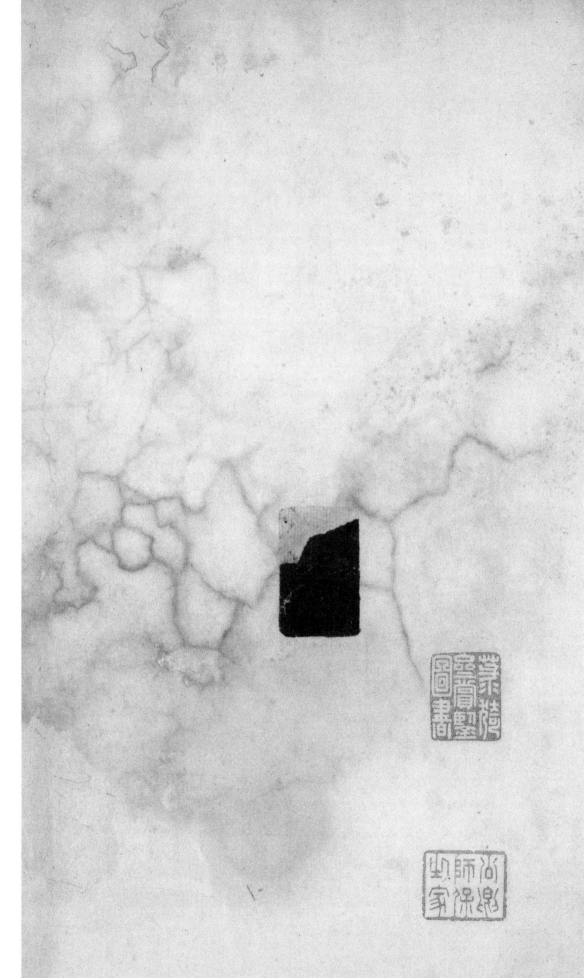

六書故弟二十五

永嘉戴侗

工事一

工

工古紅切說文曰象人有規巨也與巫同意𢒄古文周官九職五曰百工飭㠯八才

工之指事

巨

巨俱雨切工所用㠯爲方也說文規巨也从工象手持

之令或作榘　古文按令書傳皆作矩又鄭康成注大學絜矩或作巨巨乃本文偺爲巨細之巨綦呂切　又作鉅說文曰鉅大剛也巨細之義[illegible]故規巨之巨叓别爲矩

左

工之會意

𠂇則賀切相工事也　俗㕯此爲屮又之屮故左相之左叓作佐㫈非也

工之龤鼔

式　巧　巫

𢍁賞職切工事之式灋也引之爲灋式之式俗㠯爲車中之式輿脊橫木衆車者所馮也通作軾有敬事則式故因之爲式敬又俗爲發語辭式敬之式別作侙恜

巧苦絞切審曲利用曲盡其技之謂巧工之疑

巫武夫切楚語曰民之精爽不貳者明神

降之在男曰覡在女曰巫周官有男巫女

巫說文曰祝也女能事無形㠯舞降神者也象人兩褎舞與工同意古者巫咸初

作巫𢍸古文

巫之龤聲

靈郎丁切神通曰靈古之爲巫者亝肅

中正明神降之能監亏物先而逆其吉

凶故靈从巫說文作⿱霝王从玉或作⿰忄靈加心俗用爲善

宀	㠭	覡

美書云靈承于旅又曰苗民弗用靈制

呂刑詩云靈臺靈囿靈沼

巫也疑

覡胡狄切楚語曰男曰覡女曰巫說文曰从

見徐鍇曰能見鬼神也

㠭說文曰極巧眂之也孫氏知衍切

宀居屋也象形說文宀交覆深屋也孫氏武延切

大八十八

云

广

冂之象形

广序也一夏架楹一夏倚墉故其文視冂而殺凡庠序廏庫之屬皆从广說文曰因广爲屋象敞刺高屋之形讀若儼然之儼孫氏魚儉切按說文曰交覆深屋訓冂曰因广爲屋訓广皆曲而不通予考古鐘鼎文見冂之去文因寤广之義二字之義煥然不待箋釋而著焉

广之會意

庫

序

庫苦故切車藏也古有庫門門旁葢藏車故謂之庫門古稱廏庫車馬竝言也

广之龤𣪊

序徐呂切東西序今廊廡之類也屋淺故从广庠廡之類皆然鄉飲禮曰豫則鉤楹内堂則由楹外又曰序則物當棟堂則物當楣序淺而堂深故也豫序也

大𠯁七十

云

庠 廡

大戴禮曰曾子退負序而立又謂之榭孟子曰序者射也序榭豫殼相近義相同也說文曰東西牆也偕爲次序之序與敘大同而小異

庠佀羊切孟子曰夏曰校殷曰序周曰庠學校之異名也

廡文甫切序類說文曰堂下周屋也𢊁籀文

廊　廂　廇

廊 魯當切說文曰東西序也

廂 息良切說文曰廊也亦作箱覲禮記几俟于東箱漢書曰呂后側耳於東箱聽史記作廂說見箱下

廇 眉召切舅氏曰宮脊曰廇後曰寢令王宮之脊殿士大夫之聽事是也虞箴曰民有寢廇巧言之詩曰奕奕寢廇傳

小五十四

曰夫鼠不穴寢廟畏人故也猶後世言廟朝廟堂也朝則異爲宮而祭之有廟而無寢謂之祖廟禰廟通謂之宗廟亦作𢉞从朝會意覲禮諸侯覲歬朝皆受舍亐朝既言乃又肉袒亐廟門之東乃入門又眡事康成因謂言昔朝覲受之祖廟蓋不知朝之爲廟而誤㠯爲宗廟也若果受之於宗廟則天子不容負斧依南面矣爾雅曰室有東

西廂曰廟無東西廂有室曰寢無室曰榭按廟皆有室

府

府方武切貟財所入也入出曰府蓄藏曰藏車器曰庫周官大府玉府内府皆屬諸天官泉府倉㐭屬諸地官故二官獨稱官府自漢㠯來三公皆稱府而府藏不在焉循習之失也人有五藏六府藏主藏府主出内

廏　庌　庖

廏居又切馬舍也周官馬二百一十六匹為廏别作廐說文曰廏从𣪘疑廏既㲉譌為𣪘也

庌五下切說文曰廡也周官圉師夏庌馬康成曰廡也廡所㠯庇馬涼也按廊廡三達之謂庌

庖薄交切腥殺之所也周官庖人掌共生鱻薧之物雝人掌割亯煎和之事漢書亦作胞

廚

廚直朱切孰亯之所也

廬

廬力居切小屋也中田有廬農㠯便於耕也王宫有周廬衛士所宿也喪者倚廬倚臏宫之墉爲廬也今人謂廬曰寮

廬寮葢同殼

廁

廁初吏切說文曰清也今人作圊偺爲廁跡

廁佉之廁居閒之謂也

廥　庾

廥古外切說文曰芻稾之藏也疑當作僉

庾㠯主切詩云我庾維億又曰曾孫之庾如坻如京鄭氏曰露積曰庾說文曰倉無屋者按庾从广臾非露積葢積之屋下又僭為量名子華使於齊冄子為其母請粟子曰與之釜請益曰與之庾聘禮米十斗曰斛十六斗曰籔康成曰今江淮之閒有㠯籔名量者今文籔為逾康成葢㠯籔為庾說見籔下

店　廯　庵　庋　庎

店都念切，令人謂旅舍爲店。

廯居隘切，令人謂舍爲廯。

庵烏含切，倚廬也。古無此字，鄭康成釋諒闇曰：闇讀如鵪鶉之鵪，闇謂廬也。

庋過委切，閣類也。別作庪掎攱

庎居拜切，庋版，令足流水以受滌濯，謂之庎。令人謂之紟廚。

庰 厞 廣

屛蒲經切門閒屛蔽者所謂塞門也亦作屛說見屛下按屛从尸無義當㠯此爲正

扉筏沸切又乎𣪊士虞禮尸出祝入徹設于西北隅几在南扉用喪大記徹廟之西北扉說文曰隱也

廣古晃切凡宮室東西曰廣南北曰深又作𢉫說文曰闊也度其深曰深度其廣曰廣夻

庰　廓　龐　㢋

轂又戜車曰廣傳曰楚君之戜分爲二廣右轂杜氏曰兵車也

庰昌石切拓廣之也引之爲屛庰

廓苦郭切空闊也又作霩說文曰雨止雲罷皃也

龐薄江切說文曰高屋也詩云三牡龐龐毛氏曰充實也陸氏鹿同切

㢋尺尔切又昌也切說文曰廣也吳語曰㢋宋徐

庳　　廑　　庇庀

夷曰叔闞溝而㢋我韋昭曰匔擊也又作㢋

庳匔禮切屋卑也又蒲溲蠏切亦作[illegible]謂之[illegible]

無纙矮二字

廑渠巾切又吞𣪘說文曰少劣之居也

春秋傳衛有冶廑

庇必至切蔭覆也亦作芘从艸

庀匹婢切比敘也周禮曰庀其委積傳

曰窀庀家器爲葬具又曰使粤閱諆又官官庀其司使樂遄庀刑器工正出車庀武守使西鉏吾庀府守鄭氏杜氏皆曰具也

庤

庤持恥切儲備也周頌曰庤乃錢鎛通又作峙魯誓曰峙乃楨榦別作偫峙跱

廞

廞許令切周官大喪廞裘飾皮車又曰大喪共其復衣服歛衣服奠衣服廞衣

廋廝

服又曰大喪廞其樂器及葬奉而藏之大旅則陳之又曰大喪飾遣車遂廞之行之康成曰興也

㢋所求切匿也語曰人焉廋哉

廝式支切又去聲公羊傳曰廝役扈養韋昭曰析薪爲廝炊亯爲養史記張耳傳曰廝養卒又作㒋

廢　庛　庮

廢方吠切屋頓也引之爲興廢之廢病不可事謂之廢疾別作癈

庛才支切又七賜切考工記曰車人爲耒庛長尺有一寸堅地欲直庛柔地欲句庛康成曰耒下前曲接耜者

庮夷周切周禮曰半夜鳴則庮鄭司農曰朽木臭也說文曰久屋朽木別作庮

廮 廖 庈 庲 庻

廮於郢切說文曰安止也漢鉅鹿有廮陶地名

廖力弔切䀮秋傳有召伯廖又夻嗀人姓

庈渠令切䀮秋傳魯有費庈父

庲郎才切蜀地有庲降地名

广之疑

庻商著切說文曰屋下衆也从广芡芡古文炗鄭𢿱仲曰庻𢿱也過也

苂爲广所蔽也按㡴之用於書傳爲衆㡴爲㡴幾又周官㡴氏掌除蠱毒翦氏掌除蠹物凡㡴蠱之事鄭氏曰驅除蠱毒之言讀如藥𧗿之𧗿陸氏章預切又遼鷯蔑皆㠯㡴爲𢿘

廛

廛直連切說文曰一畝半一家之居从广从里从八从土周禮曰㠯廛里任國中之地園廛二十而一廛人掌斂市廛布孟子曰市廛而不征

洽而不廛則天下之商皆悅而願藏於
其市矣廛無夫里之布則天下之民皆
悅而願爲之甿矣蓋國中之地里㠯居
士廛㠯居工商而廛有賦也遂人頒田
里夫一廛田百畮郊遂之地甿民亦受
廛有田賦而無夫里之布也

向

向許亮切囪牖室所取明也象形詩云塞

向墐戶亦偺用鄉禮曰跂牖鄉牖向之明人所向也故因爲向背之向別作嚮牖向疏通馨臭所逢故爲肸向之義虛兩切旹秋竽舌肸字向又偺爲國邑名息亮切

宀之會意

家

家古胡古牙二切人所合也从㐺三人聚宀下家之義也㐺之譌爲豕說文不旻其說謂从豭省毄韋疆昷矣

安　宦　宄

安烏寒切会在内昜之交男出女処会昜之義也室家之内女所安也故安从女别作侒

宦胡串切臣於家爲宦傳曰妾爲宦女又奄人爲宦竪

宄如勇切給事宫中無常職者也謂官分職人有常文轉移執事不可無人故有宄

員呂脩使令周官槁人掌共外內朝宂食者之食漢有宂从僕𢎗宂㪚宂襍宂長之義由是而生又作𡫑

實

實神質切充牣也貫盈于宀實之義也亦作寔說文曰寔止也孫氏常隻切

宀之會意諧聲

寢

寢七荏切夜所寢處也从宀从牀省𠬶聲

寐

說文寢从㝱省𡩠省聲病臥也㝱寐而有覺也从宀从爿夢聲寢寐之屬皆从㝱省寢籀文又作寑按周官王六寢傳曰民有寢廟獸有茂艸夫人曰而从事夜𠧪安身必有寢室豈爲病臥兮寤寐與夢皆因寑而有者也引之則政事官職之寢廢不疑行者曰寢皃陋者亦曰寢又作僾寢之龤聲

寐密二切寢覺也令人謂之眯

寤

𢊆又故切寐覺也引之則凡覺寤皆謂之寤𢊆籒文別作悟

寎

𢉠陂命切多寐也爾雅三月爲寎月說文

寱

曰卧驚病也

𢉵又含切𢉴牛側切寐中語也說文曰瞑言也

寲

亦作唅嘜

门之䶢𢿘

穴　穿　空

【穴】乎決切窟穴土室也記曰先王未有宫室冬則居營窟夏則居橧巢穴故从宀

穴之會意

【穿】昌緣切鑿透也

穴之龤觳

【空】苦紅切穴中虛也古之居室始於營窟故工官之長掌邦土居三民曰司空

窟　窞

鑿空爲空谷㱿別作腔物之空竅爲空上㱿史記曰逃其城下水空俗通作孔

窟苦骨切穴之深者別作堀說文土部有兩堀其一曰兔堀也从屍从出其一突也从屈

窞徒感切說文曰坎中小坎也一曰旁入也在易坎之初六坎之六三皆曰入于坎窞初生重險之下三在上體之下故皆有坎窞之

竇　竅　窾

象蓋坎之深臽者也太玄作竇

竇徒奏切穴之通者也古通作瀆又作

窬說文穿木戶也按左氏傳曰篳門閨竇杜氏曰竇小戶穿壁爲戶郎說下方狀如圭也杜氏之說郎說文之說小戶僅足徃來故謂之竇窬孫氏竿朱切

竅牽料切小穴也

窾口管切空也莊周曰批大郤導大窾謂俞穴也史記曰實不中其聲者謂之

窨

窾亦偕用欵申子曰欵言無成

窖古孝切穿地㠯藏也月令仲秋穿竇窖鄭氏曰入地圜爲竇方爲窖又作窌說文曰窌窖也窖地藏也考工記曰囷窌倉城陸氏曰依字當爲窖傳曰予之石窌陸氏力敎切又力到切按从丣則力敎切从丣則窖也今本皆从丣卯窖字也鍼經言人要下有八窌上窌弟一空在要髁下夾骨兩旁次窌中窌下

穽 竁 窆

窌各㠯其空次弟推之夕又共八窌窌空窖也馬亦有八窌別作髎

穽疾正切掘坎覆之㠯臽獸也亦作阱汬

竁充芮切周禮曰小葬兆甫竁又曰邦若屋誅則爲明竁鄭大夫讀爲穿杜子春讀爲毳皆謂穿壙也康成曰令南陽謂穿地曰竁讀如脃

窆方驗切下棺封土也亦作堋鄭氏拜讀封爲

窊誤矣

窊　竈　窠

窊烏瓜切地臽下污所集也又作窐甑空因謂之窐楚辭曰圭璋襍於甑窐說文曰窐甑空也窊污衺下也朱子曰甑帶也按說文甑空乃甑底空音孔非帶也

竈則到切絫土甓夊釜㠯爨也又作竈鼀省聲

窠苦禾切蟲鳥所窟處也穴地爲窠在樹爲巢別作窼

容　邃　窈　窕

容余封切，穴深廣可容内也。容古文从冂，說文曰从宀谷，一說谷言其有容也。按谷於𧯞義皆不合，㠯古文㕡之蓋从穴，而公𧯞
傛義二，从人从容，舂容安緐舒徐之狀也。頌皃之頌亦傛用此

邃雖遂切，穴深遠也。別作⿰忄彖，說文曰深也

窈烏皎切，深靜也

窕徒了、徒弔二切。說文曰深緐極也。詩云窈窕

穹　究　竆

淑女窈窕幽閒意也凡雙聲字當㠯聲求不當㠯文求又吐凋他弔二切儋爲輕窕之窕傳曰楚師輕窕又作窱說文曰杳窱也按杳窱即窈窕字

穹　去弓切穴上高也

究　居又切竆深也

竆　渠宮切穴竆極不通也別作躬史記曰躬躬如畏

窘　窒　窄　窶　窣

朕羿叔有竆作竆

窘渠殞切竆迫也別作僒

窒陟栗切杜穴也

窄側迫切穴中徧也

窶力主切竆陋也詩云終窶且貧窶非貧也又郎兵切史記曰甌窶滿篝司馬氏曰甌窶猶杯樓也

窣蘇骨切蟲鼠之屬動於穴中悉窣也

窋　竀　窺　穵　竊

窋丁滑切說文曰物在穴中皃又窡亦丁滑切說文曰穴中見也又周祖不窋之律切

竀說文曰正視也从穴中正見正亦聲孫氏敕征切傳曰如魚

竀尾杜氏曰竀赤色蓋與赬通用

窺去隨切穴中望也

穵烏黠切探穴也說文曰空大也類篇曰烏八切探穴也

竊千結切穿穴為盜也說文曰盜自中出曰竊从穴从

窀　穸　窳

米廿卨皆𣪊按說文之說牽彊不通乃从糲𣪊萬之省譌爲廿也

窀陟倫切穸詞亦切傳曰春秋窀穸之事所已从先君於禰廟者請爲靈若厲杜氏曰窀厚也穸夜也厚夜猶長夜春秋謂祭祀長夜謂葬埋按窀穸二字皆从穴厚夜之說未知何所本曰从先君於禰廟疑亦非葬埋

窳容朱容主二切苟容也漢書曰江南民呰窳偷生而無積聚顏師古曰弱也

宎　宮

穴之疑

宎式鐵切說文曰深也一曰竈突从穴火从求省類篇又所禁切俗謂深叜為窨宎商頌曰宎入其阻說文作罙按毛氏曰深也疑即宎字作罙無義鄭氏曰冒也於說文則合於詩義不通

宮居戎切周墉為宮屋室之都名也周官小宰掌建邦之宮刑㠯治王宮官府次舍皆在其中記曰築宮仞有三尺又曰壞其

營

室污其宮而豬焉又曰儒有一畝之宮環堵之室說文曰躳省聲一說呂省聲

宮之龤聲

營余煢切爲宮室締栔也詩云經之營之引之爲營壘又引之爲營求爲營營詩云營營青蠅言青蠅之逐臭營營亦其聲然也別作譻

宅　室　寮　宇

宅場伯切居室所凥也（亦作厇說文曰古文）

室式質切戶牖之内爲室

寮憐蕭切（又作竂从穴說文曰穿也）論語有公伯寮書傳亦用爲僚采之僚令人㠯廬爲寮

宇王矩切屋下霤者也易曰上棟下宇考工記曰輪人爲蓋上欲尊而宇欲卑（說文曰屋邊也）寓（籀文）

佐

宙　宸

㝉直又切下覆爲宇上尊爲宙莊子曰有實而無乎処者宇也有長而無本剽者宙也三蒼曰上下三方曰宇古徃今來曰宙說文同按莊周三蒼之說皆充類之言

宸植隣切語曰爲瀫邑宸宇說文曰屋宇也韋昭曰宸屋霤也又作桭揚雄賦曰日月纔經於柍柍音央桭服虔曰柍中央也桭屋梠也按天子之居曰楓宸令人言宸極宸屋上隆棟之所居也帝居高廣惟楓脩大可冪故曰楓宸

窔　寰　寏

窔於弔切喪禮曰埽室聚諸窔爾雅曰室東南隅謂之窔又作宎莊子曰牂生於奥鶉生於宎司馬氏曰東北隅也一曰東南隅也又作官說文曰戶樞聲也室之東南隅孫氏烏皎切又作窔說文曰窅窔也又作窅說文曰窅也

寰戶關切又古畿穀梁傳曰寰內諸侯謂畿內也侗謂寰宮周垣也充廣而言則畿內猶寰內也

寏爰眷切說文曰周垣也亦作院

寬　宣　宖　宓　完

寬苦丸切屋寬大有容也

宣須緣切屋通明也宣室文周有宣椒漢有宣室引之爲宣帝

宖戸萌切說文曰屋深響也又作谹說文曰谷中響也

宓美畢切屋周宓也說文曰安也或用爲宓義宓子賤之宓者虙之譌也令周宓之宓通作密

完胡官切室屋周完無闕也

宛　定　守

宛於阮切宮室繚曲宛轉也說文曰屈艸自覆也凡宛轉宛委皆取義於此別作惌又亐轂旾秋傳有宛旾南陽有宛縣又委隕切

定徒徑切不與也又丁定切詩云定之方中作亐楚宮毛氏曰定營室曐也曰麟之定毛氏曰題也

守書九切居守也說文曰守官也从宀从寸寺府之事从寸寸法度也按寸乃又之譌說文不旻其說故以爲守官法度守者曰守夻

宲　官　宰

聲諸侯分守天子之土天子巡眡之曰巡守孟子曰巡守者巡所守也或作狩

宲博抱切又作寚𤓽守也說文曰藏也𤓽聲𤓽古文保

官古丸切職也古者百官各有署次謂之官而分㠯職也說文曰吏事君也从𠂤𠂤猶眾也與師同意按官㠯⚭聲⚭古環字⚭之譌為𠂤說文不旻其說故鑿而不通秦權文官正作官

宰作亥切家宰也宰制家事者也引之則

天下之宰曰冢宰一邑之宰曰邑宰主宰宰制之義皆由此兮出主膳羞者曰膳宰故因之爲庖宰說文曰罪人在屋下執事者从辛辛罪也按說文之說昆牽彊辛實聲也梓亦㠯辛爲聲

宴

宴於甸切燕居閒適也古者饗爲盛禮主敬既饗而宴或宴而不饗所㠯安賓娛樂之故曰宴亦通作燕

宿　寄　寓　客　富

宿息逐切夕止舍也二十八舍日月五星所舍也亦謂之宿（今讀思宥切非）因循稽久者謂之宿畱思宥切

寄居誼切託止也

寓牛具切寄也（別作㝢）

客苦格切自外至者謂之客

富方副切充實也

寵 宜 察 寘

寵丑壟切說文曰尊居也按書傳上所隆厚爲寵書云寵綏三方又曰居寵思危

宜魚羈魚歌二切錯之亏下稱而安也多聲詩云宜其室家亦作宐多省聲說文曰宜所安也从宀之下一之上多省聲𡨞古文𡧪亦古文

察楚八切諦眂也別作詧

寘陟吏切錯之亏下也易曰寘亏叢棘詩

宥　寫

云寘彼周行與置通

宥亐救切寬舍也書云流宥五刑

寫悉也切傳寫宮室之制也史記曰秦每破諸侯寫放其宮室作之咸陽故會畫者因亦謂之寫今人遂㠯傳書爲寫也偕爲頃寫之寫或曰屋頃寫也偕爲傳寫寫放

說文曰置物也

宵　宗　寥　宄　定

宵相邀切說文曰夜也从宀宀下冥也

宗肯歷切闃宗無聲也又作寂家

寥落[illegible]切冷落皃通作漻別作憀謬憭寥

宄居洧切姦宄也書曰寇賊姦宄亦借用軌傳曰亂在外為姦在內為軌

窅莫甸切說文曰冥合也賓吕定為聲

宀之疑

宋　寁　寡　奥

宋穌統切說文曰居也从宀从木徐鍇曰木所㠯成室也於書傳爲微子啓所封之國

寁詩云無我惡兮不寁故也毛氏曰寁速也說文曰居之速也孫氏子感切陸氏帀坎切類篇又㾀寁切按詩義實未可曉㾀寁之音佀是

寡古瓦切於書傳爲寡少又老而無夫曰寡說文曰少也从宀頒頒分賦也按說文之說昰牽彊

奥烏到切古者室戶東入其乙西爲奥說文曰宛

害　𡨄

也室之西南隅徐鉉曰奥非聲未詳別作𡪿又於六切山水之隈皆爲奥詩云瞻彼淇奥別作隩澳墺隈奥則温故爲温奥亦作燠詩云日月方奥漢忠曰慹皆奥若又記曰雁腎鴇奥鄭氏曰腝胵也

害胡蓋切傷也又胡葛切與曷通詩云害澣害否說文曰傷也从宀从口言从家起也丰聲孫氏胡蓋切

𡨄說文曰窒也从𢒼从廾窒宀中𢒼猶齊也孫氏蘇則切

寅

戶

寅弋真切說文曰髕也正月昜气動去黄泉欲上出会尚彊象宀不達髕寅於下也𡨧古文按寅之用二爲寅敬書曰寅賓出曰又曰汝作秩宗夙夜惟寅又爲十二辰寅卯之寅許氏之說旨曲而不通寅與𢍏皆申轂

戶戶侯古切宮室出入闔扇也象形亦作屎引之爲凡閉拒之義傳曰歷蕩戶之

戶之指事

門　𨳇　閨　閑

門莫奔切兩戶爲門

門之指事

𨳇直刃切說文曰登也徐本从丅唐本从上

門之會意

閨古攜切說文曰犆立之戶上圜下方

佀圭也傳曰篳門閨竇古單作圭

閑侯艱切㠯木限門中也畜馬者閑之

閃　闖　閉　丣

故謂廄閑引之爲防閑又引之爲閑習

閃失冄切人在門中閃忽乍見也

闖丑昆切馬在門中闖望之義也說文讀若郴

閉博計切闔門也才所㠯距門也

門之轉注

丣莫飽切象門兩闢也借爲十二辰寅

丣

卯之卯

卯之轉注

丣與久切从卯而塞其通闔之義也因爲十二辰卯丣之丣曰出亏卯曰入亏丣萬物出乎卯入乎丣故卯闢而丣闔也別作酉非罶畱㽞駵皆㠯丣爲聲王莽謂劉爲𠜲卯金刀蓋已昧其義

闈 閶 閎

門之龤鼓

闈羽非切宮之內門也記三季之喪君夫人歸入自闈門考工記曰廟門容大扃七个闈門容小扃三个爾雅曰宮中之門謂之闈其小者曰閨鄭氏曰宮中門也又曰廟中之門

閶尺良切說文曰天門也楚人名門曰閶闔

閎戶萌切傳曰銘諸僖閎又曰高其閈

閈　閭　閻　闉　闍

閎爾雅巷門謂之閎呂傳觀之非巷門也

閈侯旰切說文曰門也汝南平輿里門曰閈

閭力居切里門也周官五家爲比五比爲閭

閻余廉切說文曰里中門也別作壛

闉於眞切闍當孤切詩云出其闉闍王氏曰闉曲城也鄭氏曰謂曲城之中市里也說文曰城內重門也爾雅闍謂之臺

佐

毛氏曰城臺也李巡曰積土爲之所㠯觀望按臺不應从門𠀉詩不應言出闉臺闉城門外曲城也闍者闉之門猶今城外罋門也軍行有羅闉去壘五十步㠯羅爲闉周軍之前後屮又彊弩誰何謂之羅闉 又與堙通周官掌斂蜃物㠯共闉壙之蜃

闤 闠 闥

闤戶關切說文市垣也

闠胡數切說文曰市外門也

闥他達切房寢閒門也漢高帝病人臥禁

闕

闔

中樊噲排闥直入說文曰門也顏師古曰宮中小門也一曰門屏也

闕去月切宮城上爲樓觀闕其下爲門所謂闕門也引其義爲虛闕闕失闕乏攻而闕之曰闕其月切傳曰闕翦我公室又與掘通傳曰闕地及泉

闔胡臘切門扇也記曰排闔說屨於戶

闔　閤　閾

内月令仲春脩闔扇傳曰吾小人皆有闔廬又曰齒著于門闔凡室廬出入之竇必有闔扇㠯閉之故因之爲闔闢之義闔爲閉闢爲開

閤古沓切爾雅曰小閨謂之閤說文曰門旁戶也按有門不應旁憂爲戶爾雅之說近之室旁憂有小室其戶謂之閤今人皆㠯小室爲閤也

閾于逼切門限也

閫

關

閫苦本切閾也又作梱說文梱門橛也徐鍇曰挾門兩旁短限也古者門通車故中必有限按通車之門容爲短限他則否禮行不履閾

關古還切說文曰以木橫持門戶也亦作關按古有門有關謂於宮室城亭者爲門謂於郊冋者爲關又借其轂爲關詩云閒關車之舝兮車舝閒關關肰也詩云關關雎鳩鳥轂關關肰也又烏還

切孟子曰關弓而弢之令作彎

闌洛干切謾遮於門外也漢妄入宮禁者爲闌入别作門說文曰妄入宮掖也僭爲闌殘之

闌

閼烏割切衡版於門㠯過行也漢書召信臣起水門提閼提閼猶縣門也引之爲閼絕天閼莊周曰莫之夭閼

閘　閣　闊　閬　開

閘徂甲切闔類令人讀若霅

閣古洛切說文曰所㠯止扉也記曰天子之閣左達五又達五又曰始死之奠其餘閣也與鄭氏曰庋藏食物

闊苦括切門中廣也

閬來宕切門高爽也又平聲

開苦哀切闢門也說文曰𨳡古文

闢 闡 闓 閜 闟

闢房益切開也盡也說文又作闢从廾

闡昌善切大闢也

闓苦亥切昉開也

閜呼可切大開皃相如賦曰谽呼豁閜

闟羽委切又呼裹空媧二切半開也魯語曰公

父文伯之母季康子之从祖叔母也康

子徃焉闟門與之言類篇曰門不正開也別作闖闋

閟　闇　閹

閟兵媚切擯也書多用閟字魯莊公見孟任从之閟有不通之義焉詩云我恩不閟

闇烏紺於禁二切閉而暗也與暗通

閹於檢切擯閉也孟子曰閹然媚於世者是鄉原也說文曰豎也宮中奄閽閉門者按奄宮椓也古者未嘗使安門

闒 闟 闃

闒吐盍切門皁也說文曰樓上戶也孫氏迖盍切闒茸之義因馬詳見闟下

闟所及切闒也史記曰持矛操闟戟司馬氏曰亦作鈒

闃忽域切闃靜也又作㹞詩云閟宮有侐靜也說文曰又作闅漢有湖閿鄉孟康曰閿爲閺

古閺字从旻師古曰旻譌爲受郭璞音汝授切非也

閽　閱　闞

閽呼昆切守門者也

閱弋雪切閱視人物於門也故引之爲大閱蒐閱漢書曰貧伐閱詣府伐戰功也傳曰郤至驟稱其伐閱所踐歷也史記曰明其等曰伐積日曰閱今作閥說文新附閥閱自序也按令品制有㦸者其門爲烏頭閥閱

闞苦濫切从門隙伺望也又作瞰矙又呼減

切詩云闞如虓虎虎吼殸也亦作[illegible]喊

闋

闋頃雪切說文曰事已閉門也樊禮樂闋康成曰止也記曰樂三闋然後出迎牲

閔

閔眉隕切說文曰弔者在門也𢙇古文別作愍在書傳爲矜閔之義

闐

闐亭年切塞門也與填通用西域有于闐國堂練切

𨵦　閒

𨵦初六切孫愐曰眾也類篇曰眾在門中按从乃殻

門之疑

閒古閑切說文曰从月从門閒古文先人曰蓋丹殻譌爲月兩門之中爲閒因之爲閒廁爲閒隙爲閒諫茲否殻又爲閒暇侯艱切別作憪嫺說文曰憪愉也嫺雅也令俗吕閑爲閒暇之閒

戶之會意

扇 扁 扉 扃

扇式戰切闔扇也猶羽翕翕張故从户从羽説文唐本从羽徐本翄省聲爾雅蠅醜扇蠅類皆扇翄也別作𦑩非今人謂翣爲扇

扁方沔切説文曰署也从户从冊者署門户之文也詩云有扁斯石履之卑兮朱子曰扁卑皃按庳之叚爲扁今俗書作匾

户之龤聲

扉甫微切爾雅曰闔謂之扉記曰闔門毋扉

扃古熒切户關也説文曰外閉之關記曰入户奉

扃鼎鉉亦謂之扃又上聲詩云我心扃扃

房 房符方切室旁夾室也从戶由戶㠯入也

扆 扆於豈切屏也設於戶牖之閒書曰狄設黼扆亦借用依

戺 戺上史切書云三人執戈夾兩階戺爾雅曰落時謂之戺孔氏曰堂廉曰戺說文曰戺古文配

𢊁 𢊁數還切戶扃也又作檈

扊　扅　戹　扂　囪

扊弋冄切扅弋叉切古詩曰憶言伏雌炊扊扅今日富貴忘我爲說者曰門關也

戹於革切扼持門戶也要也

扂迭玷切類篇曰戶牡也或作非令俗用爲居楔

楚江楚紅二切鑿牆屋爲囪牖以取明也象形亦作別作窗窻牕牎說文曰在牆曰牖在屋曰囪囪古文窻通孔也傳曰陽虎載囪霝而逃葢車之爲囪霝者也

⿺疋囪　囧

凡有囪霝囪空者皆曰囪【漢書曰恖明上通】偺為囪卒囪遽之義囪倉同聲囪卒猶倉卒也【別作恖】

囪之龤聲

⿺疋囪 ⿺疋囪所菹切【說文曰門戶疏囪也】

囧 九永切囪牖闢闓明也象形穆王命伯囧為周太僕正【亦作𦣞又作臩說文曰驚走也一曰往來皃周書伯臩臦古文囧徐鉉曰臦居況切臦猶乖也臩从臦臦亦聲言古囧字未詳】

宁

冓

宁𡩬直呂切記曰天子當依而立諸侯北面而見曰覲天子當宁而立諸公東面諸侯西面曰朝說文曰辨積物也陸氏曰門屏之閒曰宁鄭歛仲曰當屏閒也

冓古候切說文曰交積才也象數交之形按說文冓在冄之後冄甘屬與冓文相近而義相遠冓乃才木交冓之象故爲冓屋之冓令加木爲構書云弗肎堂矧肎構引之爲結冓交冓如所謂冓怨冓閔是也昏冓之冓亦

取此義令加女爲媾

冓之會意

𠭃處陵切說文并舉也从又从冓省

再作代切說文曰一舉而二也从一从冓省

六書故弟二十五

孫奎謹校

六書故弟二十六

永嘉戴侗

工事二

口

口　羽非切，周口也。象形。又作圍韋㪔韋。乃㠯口爲㪔。

口之象形

亩

亩　力甚切。䆃禾露積爲亩。上人象屋。亩，詩云：亦有高亩，萬億及秭。又作稟，从禾稟。請亩稍之亩筆錦切令書傳專㠯稟爲稟請之稟晉語曰人之有元君收稟命焉若稟而弃之是樊穀也甚稟不才是穀不成也書云不言臣下罔攸稟令別作廩从广按亩乃露積不當从广又㯋爲坎廩之廩廥感切俗作壈

亩之龤穀

嗇

[illegible]嗇所力切穀可收曰嗇說文愛濇也从來來者亩

穡　亶

而藏之故田夫謂之嗇夫嗇古文从田又作穡毛萇曰斂之曰穡說文穀可收曰穡因之爲吝嗇按古文牆从嗇从秝當㠯秝爲嗇蜀本說文曰一說从棘省嗇按朿自有七亦音來乃朿之譌又來亦有洛棘音二說皆通

嗇之龤嗇

牆墻才良切倉垣也說文曰牆古文牆籀文从两來又作廧春秋有廧咎如赤狄種引之爲牆垣之通名

亶多旱切說文曰多穀也書曰誕告用亶其有

衆又曰亶聦明作元后孔氏曰亶誠也詩云亶其然乎又曰祈父亶不聦又曰擇三有事亶侯多藏毛氏曰誠也按亶訓厚之實許氏所謂多穀也故毛孔因詩書而訓㠯誠亩之疑

啚　亭

啚方美切說文曰嗇也从口从亩亩受也啚古文

𩫏古博切說文曰民所度居也象城亭之重兩亭相對也又作

城埠垣墉堵　墠

郭从邑

亭止龤殸

城是征切埠筱爻切垣雨元切墉餘封切堵當古切五字今皆从土古皆从亭見土部項乎又曰王莽封諸侯置附城蓋㠯城爲庸也古單作庸後人加土附庸猶言屬城

墠都可切顧氏曰垛下皃

高　　亭　　亳

高古牢切崇也說文曰高崇也象臺觀高形[illegible]叔高盄文[illegible]陀鼎文伯曰楚子問城之高厚城有高厚之義故取亯之上弖為高取亯之下弖為亭

高之龤毃

亭特丁切城上屋也伯曰因高築之弖覘望者也說文曰亭有樓秦漢制十里一亭

亳旁各切說文曰京兆杜陵亭也書曰湯始居亳

喬京

从夭先王居

喬渠嬌切𠋫竦也又矛之上句曰喬所
以縣英也

京舉卿切高廣也傳曰莫之與京高者
未必廣也廣者未必高也故地之高而
廣者曰京建國者宅之詩云景山與京
曰乃陟南岡乃覯于京曰曾孫之庾如

就

坻如京傳曰辨京陵說文曰人所爲絕高丘也从高省丨象高形按許說絕不通盩从高省巾殼木曰巾殼

京之龤殼

𩫏疾僦切與𨑳呂郎所安也說文曰就高也人九九異於凡也𩫏籀文按就尤殼

周官五冕五玉之繅皆有采就路車之樊纓旂常皆有就鄭司農曰一帀爲一就五就五帀也康成曰就成也合五采絲爲繩

臺　亭

繩每一帀毌五采王每就閒蓋一寸樊及纓亦皆五采罽飾之一成爲一就按采就之說令莫詳矣古俗葢有成就之說

高之疑

臺徒哀切築土爲臺以臨觀也說文曰从至从之从高省與室屋同意

亭胡口切伯曰取亭之下以爲亭一說反高爲亭隆於上爲高積於下爲亭山曰高地曰亭水曰深又作厚加厂說文曰亭厚也从反

覃

亯厚山陵之厚也又作垕見土部說文曰垕古文

𣆪之𪉓𣪊

覃徒含切延長也鹹省𣪊詩云葛之覃兮施于中谷毛氏曰延也又曰實覃實訏毛氏曰長也又曰覃及鬼方䜺姜鼎文覃說文古文覃說文篆文又曰覃我覃耜毛氏曰利也陸氏曰以冄切蓋與剡通徐氏以廉切

囚
圂

口之指事

囚似由切口人爲囚

圂胡困胡卅二切圈豕爲圂亦作豢凡畜牲食㠯米穀曰豢犬豕是也芟秣曰芻牛羊是也記曰君子不食圂腴謂犬豕之腸胃近穢也鄭康成曰周官圂作豢圂豢實一字也俞㠯穢故亦謂之圂與牢引之則

凡污浼者皆曰圂亦作溷慁水穢也别作慁說

文曰圂廁也溷水濁皃慁憂也一曰擾也傳曰主不慁賓杜氏曰患也儒行曰不慁君王鄭氏曰辱也按圂之爲言猶煩浼也陸賈謂其子曰歲中不過再過毋久溷女不慁君王慁賓皆此意也非憂非患不當从心

圂

圂吾倫切口禾爲圂

口之會意

邑

邑於汲切有城郭之聚曰邑从卩卩所㠯

𨛜

安也周禮曰安邦國者用玉卩安都鄙者用角卩又曰三井爲邑井邑都邑自有二義僭爲於邑鬱鬱邑邑怏別作悒⿱艹邑⿰飠邑又烏合切漢書張湯㠯知阿邑人主

邑之會意

𨛜說文曰鄰道也孫氏胡絳切

𨛜之龤⿰声攵

鄉　　䢽

鄉許良切周人五州萬二千五百家爲鄉鄉民所众聚也故从二邑偕爲鄉背之鄉否嚮與向通往者在前來者从後故往者謂之鄉者往回謂之鄉曰別作曏伯曰皀卽鄉也周官二鄉則公一人謂之鄉合故从二邑相鄉因之爲鄉背鄉从自皀嚮與香通後人㠯爲鄉賞之鄉

䢽胡絳切邑門道也䢽篆文又作巷

郵

郵羽求切說文曰竟上行書舍也从垂垂邊也又與尤通詩曰不知其郵邑之龤殸

邦

邦博公博江二切國也別而言之則城郭之內曰國三境之內曰邦鄭氏曰大曰邦小曰國說文曰㘡古文

都

都當孤切邑之大者曰都周禮曰三邑

爲丘三丘爲甸三甸爲縣三縣爲都王矦之所宅亦曰都傳曰邑有宗廟先君之主曰都都邑之人閒雅詩云彼都人士臺服曰楚人曰父母何算焉都邑之士則知尊禰矣言都人之異乎楚鄙也故容服閒雅者謂之都詩云洵美且都漢書曰司馬相如从車騎雍容閒雅甚

郊　鄙

都又爲歎美之辭驩兜曰都又借爲大都之都猶言凡也

郊古肴切國埜之閒曰郊周官王國之外五十里爲近郊百里爲遠郊祀天於郊故亦謂之郊

鄙兵美切周官遂人掌造縣鄙形體之法五家爲鄰五鄰爲里三里爲酇五酇

爲鄙又鄙爲縣又縣爲遂又邊邑爲鄙

傳曰太叔命西鄙北鄙貳於己杜氏曰邊邑也

又曰過我而不假道鄙我也記曰三鄙

入保故有邊鄙楚鄙之稱楚人眂都邑

爲陋鄙人眂楚人爲尤陋嗇於財而薄

於禮故有鄙陋鄙吝之稱鄙人鄙夫之

謂焉

鄰　酇

鄰力珍切比屋比邑之謂鄰周官五家爲鄰吅古文班固賦曰東吅虐而殲仁別作隣

酇作管作旦二切又昨何切周官三里百家爲酇蕭何封酇侯說文曰聚也南陽有酇縣顔師古曰南陽之酇蕭何所封音贊本音秋陰國所謂與陰亏下陰者也今爲襄州陰城縣城西有何庿彼土有筑水筑水之陽古爲筑陽縣何薨無嗣高后封何夫人同爲酇侯小子延爲筑陽侯孝文罷同更封延爲酇侯沛縣之酇本作鄘

音嵳說文曰沛國縣也漢屬南陽鄼縣矦國沛縣不言矦國此明驗也班固泗水亭碑曰文昌友漢有蕭何序功弟一就封于鄼蓋南陽之鄼亦有嵳音王莽改沛之鄼為贊治是沛縣亦有贊音也蕭何沛人也故泗水之碑云尒二鄼相亂江統祖淮賦遂謂何封於沛者誤也南陽之鄼令兊以軍乾惪縣沛縣之鄼令為楊州鄼縣

郡

郡渠運切傳曰晉簡子誓師曰克敵上大夫受縣下大夫受郡杜氏曰周書作雒篇千里百縣

郛　邸

縣有三郡秦幷諸侯分天下爲三十六郡縣統於郡

郛甫無切𩫏也

邸都禮切邦國之人有舍於王國曰邸周禮王大㫋上帝則張氈案設皇邸康成曰謂後版屛風又三圭有邸㠯祀[illegible]鄭司農曰[illegible]爾雅曰邸本也中央爲璧圭著三面也皆取[illegible]氐合之邸

部　郤　鄭

部盤乏切邑有分屬也說文曰天水狄部孫氏蒲口切

考工記輪人爲蓋部廣六寸鄭司農曰

蓋斗也

郤綺戟切邑間空郤地也記曰諸侯相

見於郤地又地名晉大夫叔虎所邑也

僭爲還郤之郤去約切又作卻从卩說文曰節欲也

鄭直敬切周厲王之子桓公友所封在

邢　鄧

今鄭州上鄭縣幽王之亂桓公寄孥於檜取其地而興焉在潧洧之上是爲新鄭韓哀侯又並焉於今爲鄭州新鄭縣

邢戶經切周公子所封今爲邢州龍岡沙河縣說文有兩邢其一井㪔鄭地邢亭其一幵㪔周公子所封近河内褱按幵非㪔

鄧徒亙切曼姓所國今爲襄州鄧城及

邾 鄒

鄧州

𨙸陟輸切說文曰江夏縣 鄒側鳩切說文曰顓頊後所封

鄒邾同㲉實一字也春秋邾莒用夷故邾謂之邾婁婁亦兩音力俱切者合邾婁之音爲邾力溝切者合邾婁之音爲鄒也輿地廣記曰今淄州鄒平縣古鄒國也兗州鄒縣邾文公所輿本繹邑

也有孟子冢楚宣王滅邾與之江夏故
江夏有邾城今黃州黃岡縣

郰

郰側鳩切記曰孔子少孤不知其墓問
於郰曼父之母又作陬史記曰孔子生
魯昌平鄉陬邑或作鄹杜氏曰魯縣東南莝城是也

鄩

鄩徐林切傳曰寒浞使澆滅斟灌及斟
鄩氏又曰殺斟灌以伐斟鄩杜氏曰北海平壽有

邘　郇

鄩亭令爲濰州北海縣又周子鞫之亂二師囗郊

郊鄩潰杜氏曰河南鞏縣西南有地名鄩中郎令河南鞏縣

邘禹俱切傳曰邘晉應韓武之穆也說文

曰在河内埜王杜氏曰河内埜王縣西北有邘城又曰王取蔿

邘之田于鄭又宋築五邑於曹之郊其

一曰邘

郇息倫切周文王之子封于郇詩云三

邳　鄅

國有王郇伯勞之傳曰畢原豐郇文之昭也又曰狐偃及秦晉之大夫盟于郇又曰必居郇瑕氏之地杜氏曰解縣西北有郇城今爲解州解縣郇瑕氏即此地

邳叀悲切傳曰薛之皇祖奚仲居薛奚仲遷于邳今爲淮陽軍下邳縣

鄅王矩切妘姓之國今爲沂州臨沂縣

鄫　郯　郜

鄫疾陵切姒姓之國今爲沂州承縣

郯徒甘切少昊之後己姓國今爲淮陽軍下邳縣

郜古報切又工竺切傳曰郜雝曹滕文之昭也隱公十年伐宋取郜杜氏曰濟陰成武縣東南有郜城僖公二十年郜子來朝又晉人絶秦曰焚我箕郜楚子辛鄭皇辰侵宋

郕　邿

城部葢有三部

郕昔征切旾秋有郕伯（杜氏曰東平剛父縣西南有郕鄉）又王與鄭人蘇忿生之田隰郕（杜氏曰在褱縣西南）

邿書之切𠂇氏傳邿亂分爲三魯取邿（說文曰東平亢父縣有邿亭杜氏說同）又晉伐亝克邿（杜氏曰平陰西有邿山）

鄀　郳　鄶

鄀而灼切春秋秦晉伐鄀杜氏曰在商密秦楚界上其後與於楚南郡鄀縣故鄀今爲襄州安城縣

郳五兮切春秋郳犁來來朝亏魯杜氏曰郳小邾也東海昌慮縣東北有郳城

鄶古外切古國名鄭語曰溱洛河潁之閒子男之國虢鄶爲大春秋鄭文夫人葬公子瑕亏鄶城之下國風作檜杜氏曰故

邰　鄜

鄶國在滎陽密縣東北按如杜氏之說當作檜輿地記鄭所輿檜在今鄭州新鄭縣令此在鄭州密縣大同小異

邰 土來切后稷所封又作斄在漢又扶風斄縣今為京兆武功縣漢志稷封斄顏師古曰斄讀曰邰

鄜 芳悲切今鳳翔鄜縣左氏傳魯莊公築鄜魯亦有鄜杜氏曰魯下邑

扈

扈後古切夏書曰啟與有扈戰于甘之埜亦作鄠說文曰鄠縣有扈谷甘亭輿地記今京兆鄠縣有甘水出南山甘谷北入渭旾秋魯莊公會齊侯于扈杜氏曰鄭地杜滎陽卷縣西北今爲鄭州原武縣假借之用二傳曰九扈爲九農正扈民無淫者也楚辭曰扈江離與辟芷王逸曰扈被也朱子曰被也按此與扈民之義同扈離芷言襲藏之也九扈本桑雇之類亦作

邽　郝

雇詩云交交桑扈

邽古畦切漢隴西有上邽縣今爲秦州天水縣漢京兆弘農有下邽縣今爲華州下邽縣說者謂秦武公伐邽戎與其人亏下邽吕有上邽故名下邽

郝呼各切說文曰又扶風鄠縣盩厔鄉今爲鳳翔府盩厔縣

郟　鄏　鄆

郟工洽切傳曰成王定鼎于郟鄏說文曰河南縣直城門官陌地也今爲河南夾河南縣旾秋楚公子口城郟葬郟敖于郟杜氏曰屬襄城今爲潁昌夾郟縣

鄏儒曲切說具郟下

鄆王問切旾秋傳文公十二季城諸及鄆杜氏曰莒魯所爭者城陽姑幕縣南有員亭員飴鄆也輿地記曰今密州

諸城縣古諸鄆地也成公九季楚公子嬰齊伐莒莒潰楚遂入鄆杜氏曰莒別邑也十六季晉人執季孫行父公還待于鄆杜氏曰魯西邑東郡廩丘縣東有鄆城今爲濮州鄆城縣襄公十二季莒人伐我東鄙囗台季孫宿救台遂入鄆昭公元季魯取鄆趙孟曰莒魯爭鄆爲日久矣叔弓帥師疆鄆田昭公二十六季至自

邶鄘

竝居亐鄆按旾秋有二鄆莒在魯東莒魯所爭東鄆也公徣亐鄆者西鄆也文公城諸及鄆不聞與莒爭及成公旹楚伐莒入鄆則鄆自爲莒邑亦不聞憂取諸魯也文公所城胎西鄆亐

𨛜補妹切鄘余封切國風邶鄘衛鄭氏曰商受畿內地名屬古冀州受都之北曰邶南曰鄘東曰衛說文曰邶故商邑自河內翰歌㠯北是也舅曰受作北里之舞記所謂桑閒濮上之音葢其地也受興河北故所都曰北北亦曰妹土當單作北北後人憂加邑爲邶別作鄁按竝

邯　鄲　鄗

與晏子邶殿其鄙六十蓋兩邶也

邯胡曰胡安二切鄲都寒切邯鄲晉邑

今爲磁州邯鄲縣

鄗呼古切傳曰王取鄗壷之田于鄭杜氏曰在河南緱氏縣西南有鄗聚今爲河南偃師永安二縣又魏獻子

分羊舌氏之田以爲三縣司馬彌牟爲

鄔大夫說文曰太原縣今汾州介休縣有故鄔縣

邧　鄛　鄗

祁巨支切晉大夫祁奚食邑今爲太原祁縣詩云被之祁祁毛氏曰舒遲也又曰采蘩祁祁毛氏曰衆多也曰諸娣从之祁祁如云毛氏曰徐靚也曰詹彼中原其祁孔有毛氏曰大也

鄛負劾切令相州臨漳縣

鄗口交呼各二切𠂇氏傳亝國夏伐晉取鄗漢光武受命即位於此改爲高邑

郢　鄢

令爲趙州高邑縣傳又曰晉師在敖鄗之閒杜氏曰二山在滎陽縣西北陸氏曰苦交切亦作磝碻

郢以整切楚所都今爲江陵府江陵縣子西輿郢於鄀楚考烈王自陳徙壽春亦命曰郢或作郅

鄢於幰切又亏獻切春秋鄭伯克段亏鄢杜氏曰今潁川鄢陵縣漢陳畱有傿縣應劭曰鄭伯克段亏鄢是也潁川有鄢陵縣

鄂

又晉楚戰于鄢陵杜氏曰屬潁川今東京開封府有鄢陵縣輿地記曰戰國謂之安陵又莒亦有鄢陵魯公孫敖逆婦于莒及鄢陵登城見之美又按左氏傳靈王沿夏將入鄢今襄州安城縣輿地記曰楚之別都也郢鄀國楚滅之昭王與焉後憂還郢故謂鄢郢漢志作傿

鄂五各切傳曰翼九宗五正逆晉侯于

鄖

隨内諸鄂晉人謂之鄂侯杜氏曰晉別邑不知其処輿地記曰今鄂州武昌楚之東鄂也漢爲江夏鄂縣孫權改爲武昌鄧州南陽有漢之西鄂詩云鄂不韡韡鄭氏曰鄂不鄂足也

鄖羽分切傳曰鄖人軍於蒲騷杜氏曰江夏雲杜縣東南有鄖城又作䢵傳曰鬭伯比淫於䢵子之女生子文焉䢵夫人使弃諸夢中

郈　鄄

陸氏曰卭本作鄍後爲楚所滅今爲夔州沔陽縣又均州亦有鄍鄉縣本錫縣晉太康改此名說文曰漢南之國漢中有鄍關傳又曰衛大叔疾死於巢殯於鄍魯哀公會衛侯于鄍杜氏曰鄍發陽也季羔曰發陽之役衛石魋執牛耳

郈胡口切魯邑在今東平須城縣

鄄吉縣切衛地今爲濮州鄄城縣

郫　郘　那

𨛹婢支切䜭秋傳趙孟使殺公子樂亐郫杜氏曰晉地亝矦伐晉伐郫郘杜氏曰晉邑也今成都府有郫縣說文曰郫蜀縣

郘實照切說文曰晉邑也又見郫下或目爲周召之召非

那諾含諾何二切𠂇氏傳楚武王克權興權於那處杜氏曰楚地南郡編縣東南有那口城說文曰西夷國安定有朝那縣詩云王在在鎬有那其居鄭氏

酅

曰安皃也雅曰不戢不難受福不那頌曰猗與那與置我鞉鼓毛氏曰多也又僭爲問辭如何柰何之合言也華元曰弃甲則那又諾个切與柰通

酅戶圭切春秋紀季㠯酅入亏亝杜氏曰在亝國東安平縣陸氏曰本又作攜又亝人侵魯卥鄙償公追亝師至酅弗及杜氏曰濟北穀城縣卥有地名酅下

郱　鄑　郚

又晉楚戰亏城濮楚師背酅而舍杜氏曰酅丘陵險阻名按酅必山或地名

郱蒲丁切春秋亝師輿紀郱鄑郚杜氏曰郱在東莞臨朐縣東南

鄑子斯切杜氏曰北海都昌縣西有訾城𠂇氏傳公敗宋師亏鄑杜氏曰魯地

郚又姑切杜氏曰在朱虛縣東南漢志東海郡有郚鄉縣

郲　邪

郲洛哀切。旹來，春秋魯隱公會鄭伯于旹來，左氏傳作郲。杜氏曰：鄭地也。衛獻公出奔齊，齊人㠯郲寄衛侯。杜氏曰：齊所滅郲國。類篇曰：在滎陽縣東。

邪㠯遮切。郎邪，齊山，今沂密州，古郎邪郡。別作琊。借爲詞助，與乎二聲之引也。或譌爲耶，非。司馬貞曰：耶音邪，譌也久矣。又爲邪揄。俗作揶。又借爲邪正之邪，與衺通，佀遮切。又音徐。詩

郪　鄣

云其虛其邔邔猶徐也

郪千私切春秋公子遂及齊侯盟于郪丘杜氏曰齊地說文曰新郪汝南縣應劭曰秦伐魏取郪丘漢興爲新郪按戰國策魏已有新郪今梓州有郪縣

鄣諸良切春秋齊人降鄣杜氏曰紀附庸國東于無鹽縣東北有鄣城又齊伐莒莒子奔紀鄣杜氏曰莒邑東于贛榆縣東北有紀城秦太鄣郡江寍池歙宣

郎 郠 鄎

太平廣悳湖潤皆屬鄣輿地記湖之安吉烏程故鄣縣也漢丹陽郡有故鄣縣輿地記佀非

郎魯當切春秋傳魯費伯帥師城郎杜氏曰高平方與縣東南有郁郎亭漢承秦制宿衛之士曰郎有中郎中外郎

郠古杏切左氏傳季平子伐莒取郠

鄎相即切左氏傳魯會吳伐齊師于鄎

郗　鄍　鄐

說文姬姓之國在淮北今汝南新郪按淮北新息之息止當單作息郪乃亝地

郗丑脂切說文周邑也在河內杜氏曰在河內野王縣西南絺城是

鄍莫經切𠂇氏傳晉矦假道於虞曰冀為不道伐鄍三門杜氏曰虞邑又晉郤克伐亝魯成公會晉師于上鄍杜氏曰地名闕

鄐丑六切𠂇氏傳晉郤矦與雝子爭鄐田

郟　邲　鄢　郔

郟 胡冓切 左氏傳晉郤至與周爭郟田 杜氏曰温別邑河内褱縣西南有郟人亭

邲 毗必切 春秋晉楚戰于邲 在今鄭州管城縣

鄢 於幰切 戰國屬魏 今爲潁昌府鄢城縣

郔 弋肰切 左氏傳晉侯伐鄭及郔 又曰

鄤　鄬　鄵

楚子北師至亏郔杜氏曰鄭北地

鄤莫干無販二切𠂇氏傳諸矦侵鄭鄭人禦㞢覆諸鄤杜氏曰鄭地

鄬亏軌切旾秋諸矦會亏鄬㠯救陳杜氏曰鄭地

鄵七報千消二切旾秋鄭伯髡頑卒亏鄵杜氏曰鄭地

鄟　邙　郅　郹

鄟朱遄切又辻官市沇二切春秋魯取鄟杜氏曰附庸國傳曰晉侯伐鄭門于鄟門又晉師盟衛侯于鄟澤

邙莫郎切說文曰河南洛陽北山上邑

郅之日切說文曰北地郁郅縣按漢有郅惲吕郅為姓單于有郅支司馬相如曰文王改制爰周郅隆

郹古役切少氏傳𥘂侯衛侯會于郹葭

鄾　鄳　郴

實鄍氏杜氏曰高平巨野縣西南有鄍亭今爲濟州巨野縣又楚子之在蔡也鄍陽封人之女奔之杜曰蔡邑

鄾於求切傳曰鄧南鄙鄾人杜氏曰在鄧縣南沔水之北

鄳母杏切又作旨漢志江夏有鄳縣

郴丑林切項羽徙義帝長沙都郴今郴州郴桂陽宜章縣

鄸

鄸 莫公莫增二切 春秋曹公孫會自鄸出奔宋

鄻

鄻 削勉切 左氏傳曰[illegible]王入亏鄻 召叛

鄋

鄋 所鳩切 左氏傳[illegible]

郁

郁 於六切 漢志又扶風有郁夷縣膠東有郁秩縣 說文曰有㪍按有之爲㪍疑 僭爲文采郁

邡　酃

郁之郁語曰周監於二代郁郁乎文哉亦作彧又爲馥郁芬郁又作戫

邡府良切漢高帝封雍齒什邡矦漢屬廣漢今爲漢州什邡縣

酃郎丁切漢長沙有酃縣今爲衡州衡陽縣有酃湖其水爲酒而美晉武帝乎吴始薦酃酒今人言醽醁當作酃淥

佐

鄃　鄚　邗

鄃容朱切漢清河有鄃縣今悳州平原

縣

鄚末各切漢涿郡有鄚縣今莫州任丘

縣

邗河干切𠂇氏傳吴城邗溝通江淮杜氏曰於邗江築城穿溝東北通弘陽胡卥北至末口入淮按今楊州瀆河出其中所謂邗溝也吴始穿之通亐江淮

鄮　鄞　酈

鄮莫候切漢鄮縣輿地記曰今爲明州鄮弄以慈溪昌國縣

鄞魚斤切今明州鄞縣輿地記今弄以象山昌國本鄞縣地

酈力知切春秋魯公子友敗莒師于酈杜氏曰魯地又郎擊切漢南陽有酈縣今爲鄧州内鄉縣

邧 邴 酆

邧愚袁顚晚二切旾秋傳晉侯伐秦口

邧

邴彼永切又夻𢿱說文宋下邑按旾秋傳丝有邴歜邴意茲

酆芳忠切傳曰畢原酆郇文之昭也說文曰文王所都在京兆杜陵西南今長安縣杜氏曰酆國在始平鄠縣東按文王作豐在豐水之上乃單作豐如杜氏說鄠夻京周邑近恐亦非叔國之地旾秋傳康有酆宮之朝卽文王之豐不當从邑又見豐下

酁　郰　邛

酁仕咸切說文曰宋地左氏傳宋皇麇奪其兄酁般之邑

郰式荏切春秋周目歇敗戎于郰杜氏曰周地河南新城縣北有郰亭

邛渠容切詩云邛有旨苕毛氏曰丘也說文曰邛在濟陰縣俗作邛非又曰我眂謀猶亦孔之邛毛氏曰病也按蜀有臨邛令爲邛州臨邛縣產佐

鄯䣕鄨鄡邔鄡

竹可爲丈謂之邛丈别作笻類篇曰笻竹名也誤矣

鄯 省戰切漢西域有鄯善國

䣕 莫亞切漢犍爲郡孱䣕縣名

鄨 必列切漢牂柯縣名

鄡 苦幺切漢鉅鹿縣名

邔 其己切漢南郡縣名

鄡 牽遙切漢豫章縣名

郝 鄚 鄜 囡 圜

郝甫扶切漢郎郝縣名

鄚因連切說文曰地名

邑也疑

鄜甫無切說文少馮翊縣亦作鄜按麃與鹿於殼皆不龤

囡女洽切又女聶切說文曰下取物縮藏之讀若聶

口也龤殼

圜于權切規圜也周官有圜土別作圓說文

圜天體也圓圜全也

團

團度官切圜摑也古單作專亦通作摶周禮曰其民專而長考工記曰摶身而鴻令人謂之突欒突欒之合爲團

國

國古或切王侯之所都也又作𡋯从人土又說見邦下

囿

囿延救切苑有周垣也𡈀籀文象形

園

園羽元切場有樊墉也

圃

圃補雨切鄭康成曰果蓏曰圃菜茹曰園艸木禽獸曰囿按三者囿爲大

圈

圈起權切揉木爲圜器也記曰母浸而杯圈不能歠口澤存焉耳又作棬告子曰吕杞柳爲杯棬又群宛切畜獸閑也

囹　圄

囹郎丁切圄魚巨切鄭康成曰囹圄所吕禁守繫者若今別獄說文曰囹獄也圄守之也侗謂囹

有函霝若令楲繫罪囚之檻圚加固焉傳曰圄伯嬴於轑陽而殺之

固

固古慕切周口不通也引之則固閉不通者皆曰固語曰疾固也傳曰僞固而授之末又引之為堅牢之義疾之牢不可攻者曰固疾別作痁痼鑠金已周固器物亦曰固別作錮

囷　圊　舍

囷丘本切。囷類，織竹規㠯貯穀也。又作篅。說文曰：篅，篅也。

圊親盈切。圊，廁也。

舍始夜、始據二切。行所止舍也。古者十里有廬，廬有飲食；三十里有宿，宿有路室，路室有委；五十里有市，市有候館，候館有積，皆行者所舍也。舍有委積，行李之貨必有垣牆故从囗舍聲說文曰市居曰舍从亼中象屋也囗象築也按古鐘鼎文凡余皆單作余舍蓋余聲因止舍之義而爲置舍上聲别作捨禮有舍奠舍菜周禮曰舍萌亏三方其義一也行者止舍則墮載弛儋故舍有縱舍之義又拖隻切與釋通

舍之諧聲

舒

舒傷魚切說文曰申也从舍从予予亦聲一說舒緩也按書

傳舒爲徐緩與紓義相近又作徐

口之疑

圖

圖同都切說文曰画計難也从口从啚啚難意也按書傳从口言周回圖度也書曰惟褱永圖又曰圖功圖事圖厥政詩云是究是圖又曰弗慮弗圖因之爲圖畫書云伻來㠯圖及獻卜易曰河出圖

壼

壼苦本切說文曰宮中道也从口象宮垣道上之形詩云室家之壼爾雅曰宮中衖也鄭氏曰猶閫也

因

因於眞切說文曰就也又作捆說文亦曰就也按書傳所用爲因循因仍因其故之謂也因之爲昬因之因與婣通

圉

圉魚巨切說文曰囹圄所以拘罪人从㚔从口一曰圉垂也一曰圉人掌馬者周官圉師掌敎圉人養馬圉人良馬匹

一人傳曰馬有圉牛有牧伯曰此郎圉字也貫誼書曰文圉扞敵之臣

倉

倉七岡切穀藏也說文曰从食省口象倉形仺奇字

六書故弟二十六

孫夆謹校